베스트 空手道全書

운수·장진·이십사보

10

中山正敏 著 / 明在玉 監修
姜泰鼎 譯

서림문화사

베스트 공수도전서

나카야마 마사도시 지음

베스트 공수도전서 ⑩

차 례

나카야마(中山) 공수의 진수 7
책 머리에 9
공수도란? 11
공수도에 있어서의 형(形) 13

제1장 운수(雲手) ──────────── 19
제2장 장진(壯鎭) ──────────── 71
제3장 이십사보(二十四步) ──────── 105

나카야마(中山) 공수의 진수

오늘날의 공수(空手)는 전세계에 보급되어 많은 동호인들이 수련에 정진하고 있다. 그것은 공수가 무도(武道)로서 뿐만 아니라, 과학적으로 뒷받침된 근대 공수도로서 확립했기 때문이라 할 수 있을 것이다. 나의 사부 나카야마(中山正敏) 선생은 그 근대 공수의 제일인자였다.

선생은 누구나 익힐 수 있는 체육적인 공수, 호신술로서의 공수, 경기(競技)로서의 공수 등 수련하는 사람의 층에 따라 여유 있게 지도할 수 있도록 힘써 왔으며, 우리들은 그런 교육을 받았다. 연습법만 해도 합리적인 방법을 추구해 왔다. 또한 어떤 수련에도 생리학적·운동역학적인 합리성이 중요하다고 해서 공수를 과학적으로 분석한 것이다. 그것이 공수인구를 증가시키는 데 있어서 큰 도움이 되었다고 여겨진다.

공수시합의 룰을 완성한 것도 큰 공적이다. 대련의 시합에 관해서는 포인트 위주의 승부를 마다하고, 일권필살(一拳必殺)이야말로 공수의 진수임을 강조했다. 즉 단보승부의 룰을 만들었다. 그것이 현재의 시합제도가 되고 있는 것이다. 또 체조경기나 뛰어들기경기 등의 채점법도 깊이 연구하고, 거기에서 힌트를 얻어 힘의 강약(强弱), 몸의 완급, 몸의 신축을 기본으로 삼은 형(形)의 시합을 이뤄 놓은 것이다.

선생은 30년 전부터 우수한 지도자를 양성하여 외국에 파견하는 일에도 열심이었다. 처음에는 사막에 물을 뿌리는 것 같은 형편이었지만, 그것이 오늘에 꽃을 피우고 있다. 선생이 배출시킨 지도자들의 노고에 의한 것이다. 선생 자신이 1년에 3개월 내지 반년은 외국에 가서 공수의 보급에 힘써 왔다. 선생은 특히 외국에 가기만 하면 생기가 돌았다. 그것은 참으로 이상할 정도였다. 병이 나서 선생의 몸을 걱정해 "적당히 하세요"하고 만류하면 "나의 즐거움을 빼앗을 셈인가"고 도리어 책망하기 일쑤였다. 결국 그 같은 노력의 결집이 곧 공수하면 'NAKAYAMA KARATE'라고 할 만큼 불멸의 지위를 쌓아 올린 것이다. 따라서 선생의 저서는 세계 공수가들의 '바이블'로서 절대적 평가를 얻고 있다 해도 과언이 아니다.

공수가 세계에 보급되고서는 공수의 아카데미적인 조직 구성을 착수하기 시작했다. 나라의 안팎을 막론하고, 어떤 조직이건 대립하는 것이 아니다. 기술을 중심으로 제휴해 가자, 기술의 교류를 통해 공수도를 높여 가자는 것이 선생의 이상이었다. 한데, 그것을 완수하기 전에 돌연 세상을 뜨셨다. 나는 다쿠쇼쿠(拓植) 대학 때부터 선생에게서 직접 지도를 받았던 못난 제자이기는 하지만, 선생의 가르침을 계승해야 한다는 생각을 하고 있다.

선생이 가장 중요시했던 것은 이른바 '끝내기'와 '기본'이었다. 끝내기라는 것은 자기가 갖고 있는 힘과 속도를 어떻게 순간적으로 집중시키느냐는 것이다. 그리고 기본을 확실하게 익혀 놓으면 몇 살이 되어도 할 수 있는 것이라고 하며, 기본을 중요시 여겼다. 공수는 재능이나 젊음에 의해 어느 한 시기만 강하다고 하는 것이 아니라 평생을 두고 할 수 있는 것이다. 그래서, 선생은 '끝내기'를 어떻게 완성하는가 하는 것과 '평생공수(平生空手)'라는 것을 큰 목표로 삼고 있었다.

그런 '나카야마 공수'를 전하는 의미에서 이번에 선생의 「베스트 공수」시리즈(全11卷)가 출판되는 것은 참으로 기쁘기 그지없는 일이다. 이 「베스트 공수」는 이미 해외용으로서 세계 7개 국어판으로 출판된 것의 일본어판인데, 풍부한 연속 사진에 의해 공수의 실기를 알기 쉽게 해설하고 있다. '나카야마 공수'의 진수를 아는 데 이 이상의 책은 없다고 믿어 의심치 않는다.

社團法人 日本空手協會 專務理事

庄司 寬

책 머리에

　공수도(空手道)는 지난 십 수년 사이 전세계에 급속히 보급되고 있으며, 젊은 학생들은 말할 것 없고, 다수의 대학교수·예술가·실업가·공무원 등 각계 각층의 지도층에까지 매우 광범위하게 확대되고 있다. 구미(歐美)의 대학 등에서 정규 체육과목으로 채택하는 데가 증가하고, 군대나 경찰에도 보급되고 있는 것이 현실이다. 그저 단순한 격투기술로만 습득하는 것이 아니라, 높은 이념에 입각한 동양적인 무도로 추구함으로써 정신의 양식을 삼으려는 노력은 여간 기쁜 일이 아니다.
　그러나 한편 이것이 공수인가 하고 고개를 갸웃거리게 하는 치고 막기나, 차고 막기의 폭력공수, 또는 머리와 손과 발로 물건을 빠개는 공수 쇼라는 것도 나타나고, 복싱에 차기를 가미한 것만으로, 이것이 공수의 시합으로서 판을 치고 있는 일면은 참으로 어처구니없는 일이다. 또 중국의 권법이나 오키나와(沖繩)의 고무술도 일본적으로 완성된 공수도와 동일시하는 경향이 있는 것도 유감스러운 일이다. 공수도에는 오랜 세월 동안에 완성된 격조 높은 여러 가지의 형(形)이 있고, 그 형 자체에 포함되는 공방의 기본기를 유효하게 활용하기 위한 정신적인 요소가 중요하다.
　공수는 몸에 전혀 무기를 지니지 않고 일권일축(一拳一蹴), 순간에 적을 쓰러뜨리는 오키나와의 고무술에서 발전한 것이다. 기술보다도 심술(心術)에 무게를 두고, 평소는 예양(禮讓) 속에 체력을 단련하며, 정의를 위해 전력을 다해 싸우는 것이 진정한 공수도이다. 후나고시(船越) 선생이 가르친 대로, 안으로 부앙천지(俯仰天地)에 부끄럽지 않은 마음을 닦고, 밖으로는 맹수도 습복(慴伏)시키는 위력이 있어야 한다. 마음도 기량면(技兩面)을 겸해야 완전한 공수도라고 할 수 있다.
　체육의 호신(護身)으로서 육성되고 발전했던 공수도는 체조 시합적(試合的) 스포츠 공수로서의 새 분야로 개발, 활성화되고 있다. 그러나, 다만 시합에 이기는 것에 급급한 나머지 기본기를 충분히 구사하지

못하거나, 순서에 따른 연습도 하지 않고 함부로 자유대련 또는 대결에만 치우치기 때문에 공수 특유의 날카롭고 시원스러운 강한 위력감의 지르기나 차기 등이 모자라고, 따라서 기본기 자체도 자칫 시합을 위한 요령 본위의 연습이 되기 십상이다. 선수가 되고 싶다, 선수를 빨리 키우고 싶다는 열의는 이해할 만하나, 이는 선수나 지도자 다 같이 크게 반성할 점이라 여겨진다. "바쁘면 돌아가라"는 속담처럼 한걸음씩 착실하게 올바른 기본기의 습득에 힘써야 할 것이다.

시간적으로 얼마간 빨리 자유대련에 익숙해지고 시합요령을 어느 정도 파악했어도, 어떻든 묵묵히 착실하게 연습한 사람을 능가하기는 어렵다. 최근 시합에 이긴다는 것에 집착한 나머지 기본기의 진지한 단련에서 얻어지는 기백과 위력이 똑같이 떨어지고, 또 함부로 용맹스러움을 과시해, 공수도인으로서의 가장 소중한 예절마저도 잃어가고 있는 사람들을 간혹 볼 때마다 한편 서글픈 감정에 빠지곤 한다.

이런 생각에서 나의 45년 간에 걸친 공수도 수행의 경험을 충분히 살리고, 기본기를 분석하고, 체계화하고, 또한 사진을 위주로 복잡한 몸놀림을 쉽게 이해할 수 있을 만한 근대적인 텍스트를 동호인들에게 선물할 것을 생각해 왔다. 그 염원을 이룬 것이 「공수도 신교정(空手道新教程)」이다. 그런데 그것을 이번에 많은 동호인들의 요망에 부응하여 공수도의 전반이 보다 구체적으로, 보다 쉽게 익힐 수 있도록 다시 원고를 썼다. 동호인 여러분들의 욕구에 충족될 수 있기를 기대해 마지않는다.

著者　中山正敏

■ 공수도란?

- 승패를 궁극의 목적으로 삼는 무술이 아니라, 유형무형의 시련을 이겨내고 연마한 땀 속에서 인격완성을 꾀하려는 것이다.
- 도수공권(徒手空拳), 손과 다리를 조직적으로 단련하여 마치 무기와 같은 위력을 발휘시켜, 그 일돌일축(一突一蹴), 능히 불시의 적을 제압하는 호신술이다.
- 사지오체(四肢五体)를 전후・좌우・상하로 균등하게 움직이고, 또한 굽혀펴기・도약・평형 등의 모든 동작을 숙달하는 신체활동이다.
- 의지력에 의해 잘 제어된 기술을 사용하고, 정확하게 목표를 포착하여 순식간에 최대의 충격력을 폭발시켜서 기술을 서로 겨루는 격투기이다.(목표를 인체 급소의 바로 앞에 가정한다.)

■ 공수도 기술의 본질

공수도 기술의 본질은 기술을 끝내기하는 것이다. 적절한 기술을 목표로 삼는 부위로, 최단시간에 최대한의 충격력으로 폭발시키는 것이며, 이것을 끝내기라고 한다. 옛날에는 무시무시한 표현으로 일권필살(一拳必殺)이라는 말로 쓰였다. 진지하게 볏짚 묶음을 상대로, 단련에 이은 단련의 매일이었다. 끝내기는 지르기・치기・차기는 말할 것없고, 막기에도 빼놓을 수 없는 요소이다. 끝내기가 없는 기술은 아무리 움직임이 공수와 비슷해도 절대로 공수라고는 할 수 없다. 공수의 시합에서도 예외가 아니다.

바로 앞 그치기(寸前中止)라는 말이 있다. 목표 바로 앞에서 기술을 그친다는 뜻이다. 겨루기의 시합에서는 대전(対戦) 상대에게 맞히는 것은 위험 방지를 위해 반칙으로 삼고 있다. 하지만 여기에 문제가 있다. 그친다는 것과 끝내기한다는 것은 매우 달라서, 하늘과 땅만큼의 차이가 있다. 목표 직전에서 단지 기술의 움직임을 그치면 되는 것이라면 공수의 본질에서 벗어난다. 목표 바로 앞에서 그친다는 생각이 아니라, 목표를 육체의 급소 바로 앞에 설정하고, 거기에 컨트롤 좋게 최대의 충격력을 폭발시켜서 포인트를 얻어 승패를 겨루는 것이다.

그러기 위해서는 평소의 진지한 수련과 단련이 중요해, 신체의 전부를 무기화하고, 각각의 무기를 뜻대로 움직일 수 있게 하는 자기제어가 필요하며, 남에게 이기기 전에 자기를 이기는 것이 중요하다.

공수도에 있어서의 형(形)

어느 형이나 모두 막는 쪽에서 시작하고 있다. 이것은 "공수에는 선수(先手)가 없다"는 정신을 단적으로 표현하는 것이다. 이 훈계는 공수도를 한마디로 다 말했다고 단언할 수 있다. 예부터 공수는 군자의 무술로 일컬어, 적의 공격을 받고서야 비로소 만부득이하게 맹훈련한 손과 다리를 갖고 대응하는 것으로, 늘 겸손한 마음과 온화한 태도로 사람을 접해야 한다는 가르침이다. 마음과 기술, 안팎을 겸비해야만 참다운 공수도라고 할 수 있다.

형이란 ?

형은 막기・지르기・차기의 기본기를 합리적으로 조직 구성한 것이며, 사방팔방에 적을 가상하고, 정해진 연무선(演武線)을 전진 후퇴하거나 전신(転身)하면서 연무하는 것이다. 일거수일투족, 모두가 공방무기(武技)의 음수이고, 무의미한 동작은 하나도 없다. 예부터 공수의 수련은 형을 중심으로 삼아 행하여지고, 그 각각의 형은 옛 명인들이 오랜 동안의 수련과 귀중한 체험에 의해 짜내고 심혈을 기울여 완성한 것이다.

현재 전해지고 있는 종류는 무릇 50여 종이나 되는데, 아주 오랜 전통을 갖고 있는 것, 비교적 새로운 시대에 완성된 것, 또는 중세에서 근세에 걸쳐 중국에서 전해진 것으로 간주되는 것도 있다. 간단한 것, 복잡한 것, 긴 것, 짧은 것 등 여러 가지가 있으며, 모두 제각기의 특징을 갖고 있으나, 크게 두 가지로 나눌 수 있다. 하나는 소박중후(素朴重厚)하고 웅대한 느낌이 드는 것으로, 체력을 단련하고 근골을 단련하는 데에 적합한 것, 또 하나는 준민비연(俊敏飛燕)과 같은 느낌이 드는 것으로, 경첩기민(軽捷機敏)한 빠른 기술을 습득하는 데에 적합

한 것이다.

　형에 숙달함으로써 저절로 일신의 위급에 임해서 응변(応変)할 수 있는 호신(護身)의 기술을 터득하게 된다. 게다가 형 자체가 완전한 전신운동이며, 굽혀펴기・도약・평균운동 등의 온갖 요소를 포함하고 있기 때문에 체육상 이상적인 운동으로 일컬어지고 있다. 형은 자신의 체력에 따라 진지하게 배울 수 있고, 단시간이건 장시간이건, 단독이건 집단이건간에 연습할 수 있는 특색을 갖고 있으므로, 노소남녀를 막론하고 또 어떤 환경에 있어도 이 길에 정진할 수 있다.

형을 잘 연무하기 위한 마음의 준비

■ 예(礼)와 태도

　예로 시작해서 예로 끝난다. 형을 연무하는 전후에는 반드시 한번 가볍게 인사를 한다. 양측 발뒤꿈치를 합친 모아서기로, 두 손바닥은 가볍게 대퇴에 접하도록 하고, 자연스럽게 바른 자세로 몸을 약간 앞으로 굽혀서 예를 한다. 눈은 정면을 주시하고, 형식만의 것이 아니라 자세를 올바르게 예양・예절을 아는 마음에서의 예가 아니면 안 된다. 스승 후나고시 선생은 공수도를 수련하는 사람은 첫번째로 예의를 중요시해야 한다, 예의를 잃은 공수는 이미 공수도의 정신을 잃고 있다, 예의는 단지 수련 때만 아니라 행주좌와(行住坐臥) 어떤 경우에도 중요시해야 한다는 말을 하고 있다. 또 어떤 장소에서 연무하더라도 겸양하는 마음과 온화한 태도와 두려워하는 일 없이 당당한 태도여야 한다. 괜히 비굴해지거나 뽐내보기도 하는 것은 당치 않은 일이다. 단단하면서도 부드럽고, 부드러우면서도 단단한 유즉화(柔即和), 강즉화(剛即和), 이를테면 유강은 언제나 화로 귀일한다. 예의・예양・예절은 공수도 수련의 제일의(第一義)이다.

■ 겨누기와 마음의 자세 (준비와 바로잡기)

　연무선의 중앙 한복판에서 예를 하면, 조용히 좌족부터 먼저, 다음에 우족을 좌우로 벌리고(중앙 좌측 끝에서 예를 하면 좌족은 그대로, 우족을 우측으로 벌리고) 팔자서기 자연체가 되고, 준비자세를 취하여 겨눈다. 또 발 모아서기로 겨눌 경우에는 그대로 발끝을 합친다. 겨눔이 있어도 겨눔이 없다고 말하는 것처럼 의식과잉(意識過剩), 딱딱하게 힘을 준 겨누기는 순간적으로 적절한 동작을 할 수 없다.

　어깨·무릎관절의 힘은 빼고, 곧바로 어떤 변화에도 대응할 수 있도록 신속히 움직일 수 있는 릴랙스한 대련이 필요하다. 다만 아랫배는 죄고, 이른바 단전에 힘을 주고 조용히 호흡을 가다듬어 마음을 진정시켜 기력·체력의 충실을 꾀하는 것이 극히 중요하다. 이와 같이 형의 마지막 거동을 끝내도 바로 힘을 빼어 진정하지 못하는 것은 절대 삼가야 한다. 잠시의 방심도 없이 언제든지 돌발적인 변화에 응할 수 있도록 기력을 충실케 하고, 조용히 처음의 준비자세로 되돌아가는 것이 중요하다. 매사는 모두 끝이 중요하다. 도중이 아무리 훌륭해도 마지막 결말이 흐트러지게 되면 아무 소용이 없다. 예부터 일본 무도에서는 적의 반격에 대비하는 마음의 준비가 중요시되고 있다. 공수도 수행자는 실기수련에서는 말할 것 없고, 일상생활에 있어서도 다음에 대비하는 마음의 준비가 반드시 필요함을 명기(銘記)해야 한다.

형을 연무하자면

■ 순서는 올바르게 틀리지 않도록 한다
　형에 따라 20거동 40거동이라는 식으로 동작의 수가 정해져 있다. 그 거동을 순번으로 연무하는 것이다. 순번이 틀리는 것은 의미가 없다.

■ 연무선을 정확히 진퇴하도록 한다
　형을 연무하기 위해 필요한 전후·좌우에의 진퇴 전신(転身)을 나타내는 노선을 연무선이라고 하고, 연무개시의 위치에서 출발해 정해진 노선을 이동하여 종료 위치에 도착하는데, 개시·종착 위치는 반드시 동일점이 되고 있다. 미숙해서 발의 위치가 틀리거나 보폭이 정확하지 않으면 동일점에 되돌아오지 못한다. 정성들여 연습할 필요가 있다.

■ 각 거동·동작의 의미를 명확히 이해하고 표현하도록 한다
　형 안에 있는 일거수일투족은 모두 공방의 동작이다. 하나의 형에는

많은 공방기술이 담겨져 있으므로, 각각에 대하여 제대로 하려고 하는 의미를 명확히 이해하고, 형대로 표현하지 않아서는 효과가 나지 않는다.

■ 목표를 올바르게 파악하도록 한다

어디에서 어떻게 공격을 당하고 있는 것인지, 어디를 목표로 반격하는 것인지, 그 목표를 올바르게 파악하는 것이 극히 중요하다. 따라서 언제나 목표에서 눈을 떼면 안 되고, 다음 목표에 정확히 눈을 돌리는 것이 필요하다.

■ 형의 특징을 살려 연무하도록 한다

형 안의 각 거동의 의미를 부분적으로 명확히 이해하는 것과 같이, 그 형 전반의 특징을 살려 연무해야 한다.

각각의 형의 특징을 파악하고, 어떤 형은 웅대하게, 어떤 것은 경묘(輕妙)하게 한다.

■ 형에는 시작에서 끝까지 피를 통하도록 한다

개시에서 종료까지 한 거동 한 동작은 서로가 관련되어 있다. 각 공방의 동작이 외따로 독립해 있는 것이 아니므로, 각 기술의 종료는 제각기 다음 기술에 이어지고 있는 것이다. 한번 형을 연무하기 시작하면 마지막까지 하나의 흐름을 만들고, 피를 통하게 해야 한다.

■ 형에 리듬을 주는 세 가지 요체(要諦)를 잊지 않도록 한다

뛰어난 무도, 스포츠 실기는 매우 리드미컬하고 아름답다. 리듬이 없으면 미(美)는 생겨나지 않고, 단순한 리듬이면 상대에게 이용당하고 만다. 형의 미와 힘, 리듬은 '힘의 강약' '기술의 완급' '몸의 신축'에서 생겨난다. 이 세 가지 요체는 형을 연무하는 데에 절대 필요한 것이다.

함부로 너무 힘을 주거나, 무턱대고 빨리 연무해도 절대로 참다운 강함, 능란함은 생겨나지 않는다. 힘을 주어야 할 곳에 힘을 주고, 빼야 할 곳은 빼는 요령을 터득해야 한다. 빨리 해야 하는 곳을 느리게 연무하는 것은 리듬을 흐트리고 만다.

형의 수칙(守則)

① 효과를 서둘러 너무 성급하면 안 된다.
② 열중하기 쉽고, 차가워지기 쉬운 것은 금물이다.
③ 노력의 축적이 필요하다.
④ 싫증내지 말고, 일정시간 연습을 계속하는 것이 중요하다.
⑤ 잘하고 잘못하는 것이 있어도, 잘못하는 형을 버리고 돌아보지 않는 것은 좋지 않다. 잘못하기 때문에 더욱 연습을 거듭해야 한다.
⑥ 형과 대련의 상호관계를 고려하면서 연습한다.

운수(雲手) 1

겨누기

자연체에서부터 천천히 겨누기로 들어간다. 양권 양쪽 비스듬히 밑으로 겨눈다.

1a 양손바닥 옆으로 나란히 하고 가슴앞으로

겨누기의 자세에서, 손바닥밑을 가슴 앞으로 천천히 올린다. 팔꿈치와 손목을 굽혀 새끼손가락 측면으로 합친다.

연무선

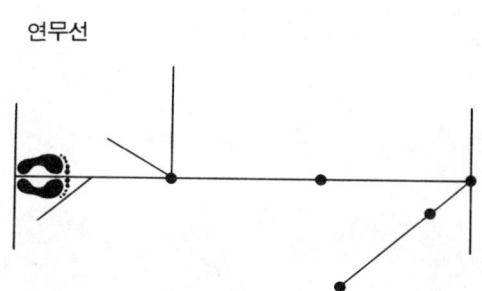

| 1b | 양수 좌우로 벌려 청룡도를 밀어낸다

발 모아서기

양쪽 청룡도의 팔꿈치를 펴고, 좌우로 천천히 밀어낸다.
손바닥면을 손목을 비틀고, 가능한 한 앞을 향한다.

| 2 | 양수 중단 계두막기
(양쪽 계두는 팔꿈치에서부터 약간 벌리는 듯하게)

우측 발끝으로 안쪽에서부터 반원을 그리고, 정면으로 문질러낸다. 손목을 굽혀 밑에서 튕겨 올리는 듯하게. 팔꿈치는 죄어서 양몸쪽 앞으로.

| 3 | 우측 집게손가락 하단 한 관수
좌수 그대로

뒷팔은 그대로 움직이지 않고 팔꿈치를 고정하여 앞팔을 밑으로 뻗는다. 팔꿈치 스냅을 살리고, 곧 처음으로 되돌아간다.

우측 앞 반후굴자세

우측 앞 반후굴자세

4 양수 중단 계두막기인 채

좌족 발끝으로 안쪽에서부터 반원을 그리고, 정면으로 문질러낸다.

5 좌측 집게손가락 한 관수
우수 그대로

팔꿈치 스냅을 살려, 곧 처음으로 되돌아온다.

좌측 앞 반후굴자세

좌측 앞 반후굴자세

| 6 | 양수 중단 계두막기인 채

| 7 | 우측 집게손가락 하단 한 관수
    좌수 그대로

스냅을 살려, 곧 처음으로 되돌아간다.

우측 앞 반후굴자세

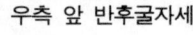

우측 앞 반후굴자세

| 8 | 좌 중단 (세로)수도막기

우족 축에 좌족 좌측으로 문질러낸다.

| 9 | 우 중단 (역)지르기

좌 전굴자세

부동서기자세를 그대로의 위치에서 전굴자세.
8과 9는 거의 한 거동으로.

| 10 | 우 중단 (세로)수도막기

좌족 앞 부동서기자세

우족 앞 부동서기자세

좌족 축으로 허리를 우전, 우측면으로.

제1장 운수

11 좌 중단 (역)지르기

부동서기자세를 그 위치에서 전굴자세가 된다. 10과 11은 거의 한 거동으로.

12 좌 중단 (세로)수도막기

우족 축, 허리를 좌전, 좌족을 정면으로 문질러낸다.

우 전굴자세

13 우 중단 (역)지르기

좌족 앞 부동서기자세   좌 전굴자세

부동서기자세를 그 위치에서 전굴자세로.
12와 13은 거의 한 거동으로.

| 14 | 우 중단 (세로)수도막기

좌족 축, 허리를 우전, 뒤 정면으로.

| 16 | 좌족 돌려차기
상체를 우측 비스듬히 숙인다 / 우측 무릎을 낀다

우측 무릎을 구부리고, 미끄러져 들어가듯이 하여, 뒤 정면 좌족 돌려차기를 낸다. 양족을 잇는 연장선상에 양수의 팔꿈치를 굽혀 놓는다.

우족 앞 부동서기자세

| 15 | 좌 중단 (역)지르기 |

우 전굴자세

부동서기자세를 그대로의 위치에서 전굴자세가 된다. 14와 15는 거의 한 거동으로.

  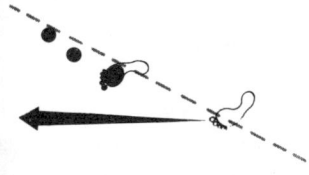

제 1 장 운수 33

17 우족 돌려차기
상체를 좌측 비스듬히 숙인다 / 좌측 무릎을 낀다

팔꿈치를 펴서 상체를 일으키고, 일단 차고 난 좌측 무릎을 우측 무릎 좌측 비스듬히 앞으로 내리면서, 두 무릎을 잇는 연장선상에 양수을 대고, 상체를 좌측 비스듬히 앞으로 숙이면서 차올린다.

좌우의 차기는 뒤 정면의 동일선상을.

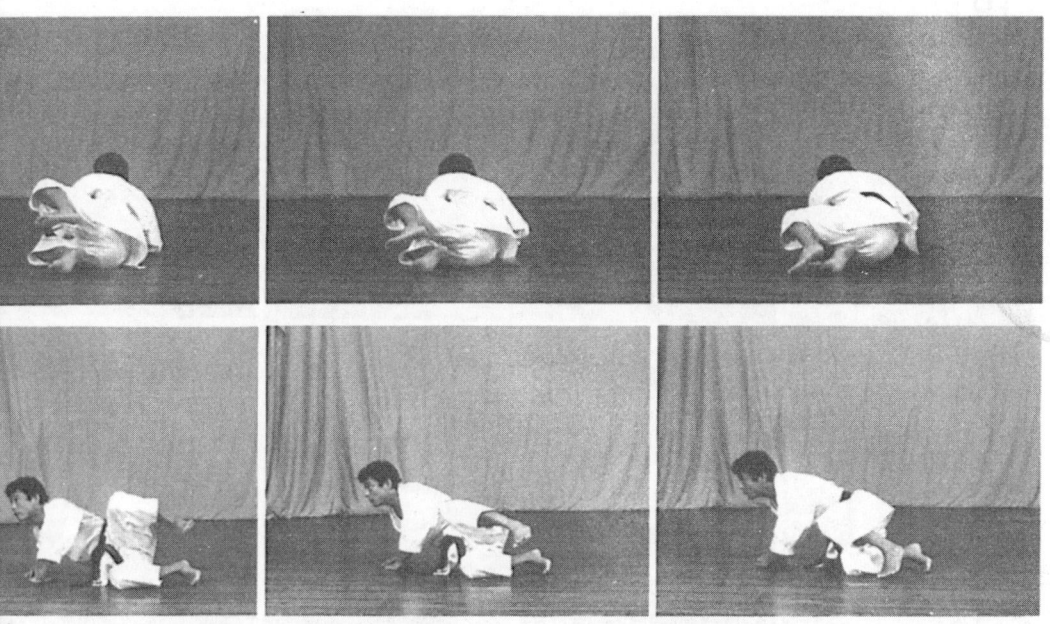

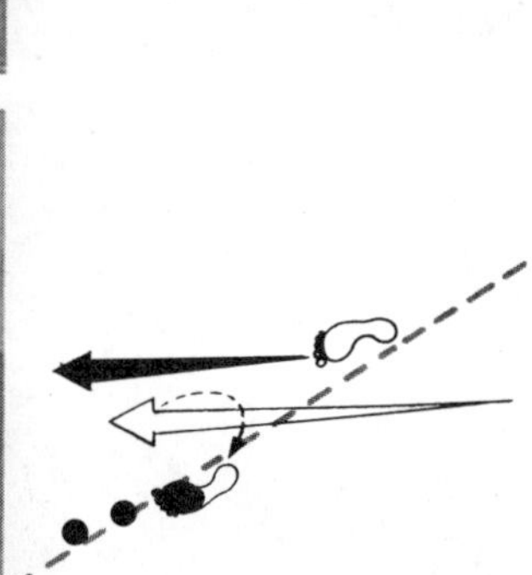

제1장 운수 35

18 양수 좌우로 중단 청룡도지르기

무릎을 낀 좌측 다리를 축으로 일어나면서 우족을 정면으로 천천히 문질러낸다 (약 3초). 손과 다리를 동시에.

19 좌 중단 계두막기 / 우 중단 손바닥밑 옆막기

일단 우족을 좌족 안쪽으로 끌어당기고, 거의 동시에 좌족을 한 발 정면으로 문질러낸다.

기마자세

좌 전굴자세

20 우 중단 계두막기 / 좌측 하단 손바닥밑 옆막기

좌족을 우족 안쪽으로 끌어당기고, 우족을 한 발 정면으로 문질러낸다.

21 좌 상단 배도치기 / 우권 우측 허리

서기는 거동 20의 우 전굴자세인 채.

우 전굴자세

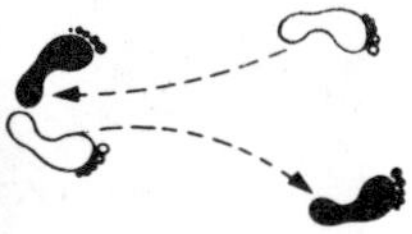

우 전굴자세

| 22 | 좌족 앞차기(왼손바닥 끝을 찬다)
좌수 그대로

차고 난 좌족을 우측 무릎 옆으로 당기고, 즉각 우측 다리 축으로 허리를 우전.

| 23 | 우 상단 바깥막기

뒤 정면으로 향하여 우 전굴자세가 되면서 좌측 차는 발을 뒤로 내리고, 일단 우 상단 바깥막기.

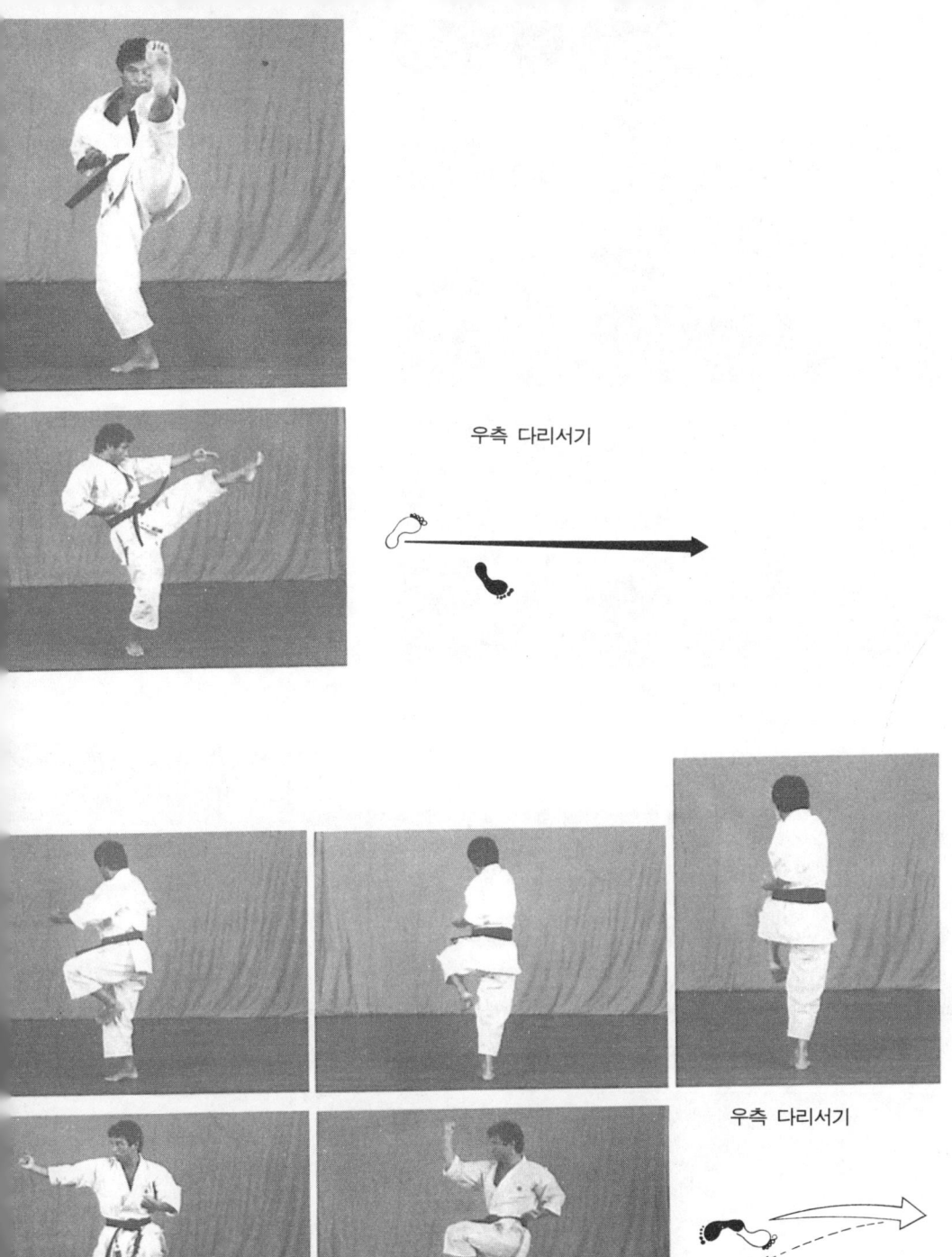

우측 다리서기

우측 다리서기

제1장 운수 41

| 24 | 좌 중단 (역)지르기

우 전굴자세

우 전굴자세가 되는 것과 동시에 역지르기.
22, 23, 24는 연속해서.

| 25 | 우 상단 배도치기

우측 다리 축, 허리를 좌전. 정면으로 좌 전굴자세가 된다.

| 26 | 우족 앞차기
(오른손바닥 끝을 찬다)

좌 전굴자세

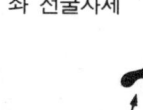 

좌측 다리서기

좌족을 축으로 우측 앞차기. 앞차기를 한 우족을 좌측 무릎 옆으로 당기고, 즉시 좌측 다리를 축으로 허리를 좌전.

| 27 | 좌수 상단 바깥막기 |

뒤 정면으로 향하고 좌 전굴자세가 되면서.

| 28 | 우 중단 (역)지르기 | | 29 | 양권 (양쪽)하단막기 |

좌 전굴자세

좌 전굴자세가 되는 것과 동시에
우측 연속. 26, 27, 28은 연속해서.

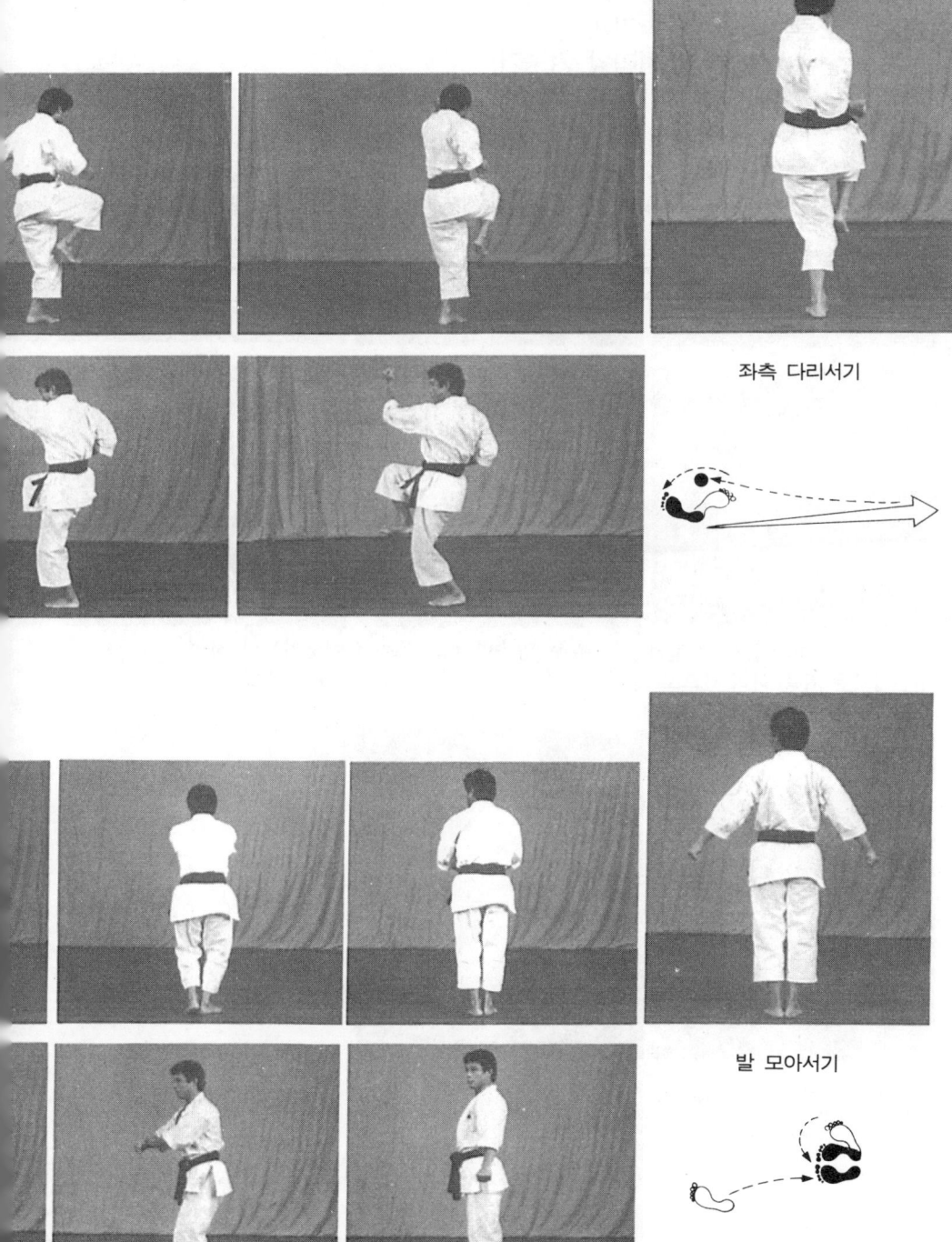

좌측 다리서기

발 모아서기

좌족을 우족에 조용히 가지런하게 하면서.

30 오른손바닥 상단 견제
   왼손바닥 좌측 허리앞 겨누기

좌족을 좌측 비스듬히 문질러낸다. 좌우 양손바닥을 서로 끌어당기듯이 하여
왼손바닥은 좌측 허리 앞으로. 동시에 오른손바닥을 크게 상단으로 번쩍 쳐든다.

31 우 하단지르기

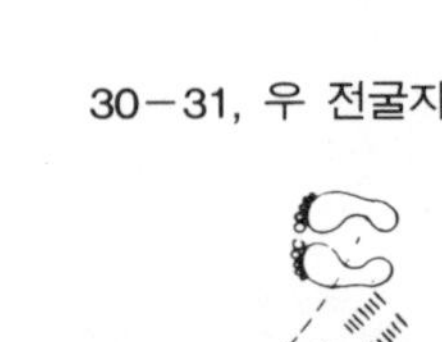

우족을 앞으로 문질러내고.

30-31, 우 전굴자세

32 좌 하단 막아지르기

좌 전굴자세

우측 다리 축, 허리를 좌전, 좌 전굴자세가 된다.

33 우 하단 막아지르기

좌측 다리 축, 허리를 우전, 우 전굴자세가 된다.

| 34 | 좌 중단 (세로)수도막기

우 전굴자세

좌족 앞 부동서기자세

우측 다리 축, 허리를 좌전, 좌 부동서기자세가 된다.

제 1 장 운수 49

35 중단 손바닥밑 끼워막기

부동서기자세를 그 위치에서 전굴자세가 된다.

36 양손바닥 잡아끌어당기기 우 하단 앞차기

양손바닥으로 잡아끌어당기면서 비스듬히 밑으로 발뒤꿈치로 차기.

좌 전굴자세

| 37 | 좌 중단 (역)지르기 |

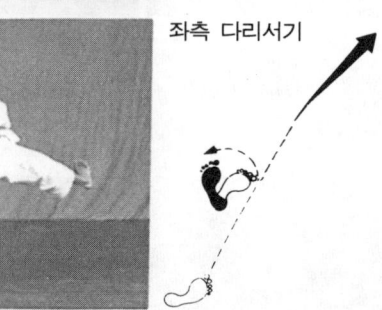

좌측 다리서기

우 하단 차기는 비스듬히 앞으로 내려
우 전굴자세가 되면서.

| 38 | 우 중단 (바로)지르기

37, 38은 연속해서.

| 39 | 우 하단막기

우측 다리 축, 허리를 좌전, 기마자세가 된다.

37-38, 우 전굴자세

기마자세

제 1 장 운수 53

| 40 | 좌 상단 배도막기 |

기마자세인 채로.

| 41 | 좌 수도 하단막기 |

우측 다리 축, 허리를 우전, 기마자세가 된다.

기마자세

제 1 장 운수 55

| 42 | 우 상단 배도막기

| 43 | 좌 상단 (역)지르기

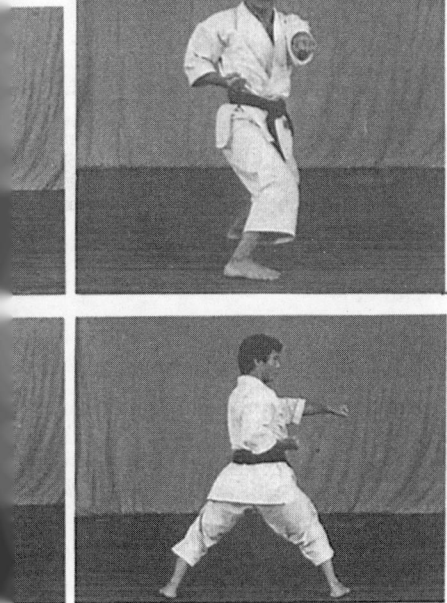

제1장 운수

44a 좌 중단 (세로)수도막기 / 일단 왼손바닥을 뒤쪽으로 좌족 앞 부동서기자세

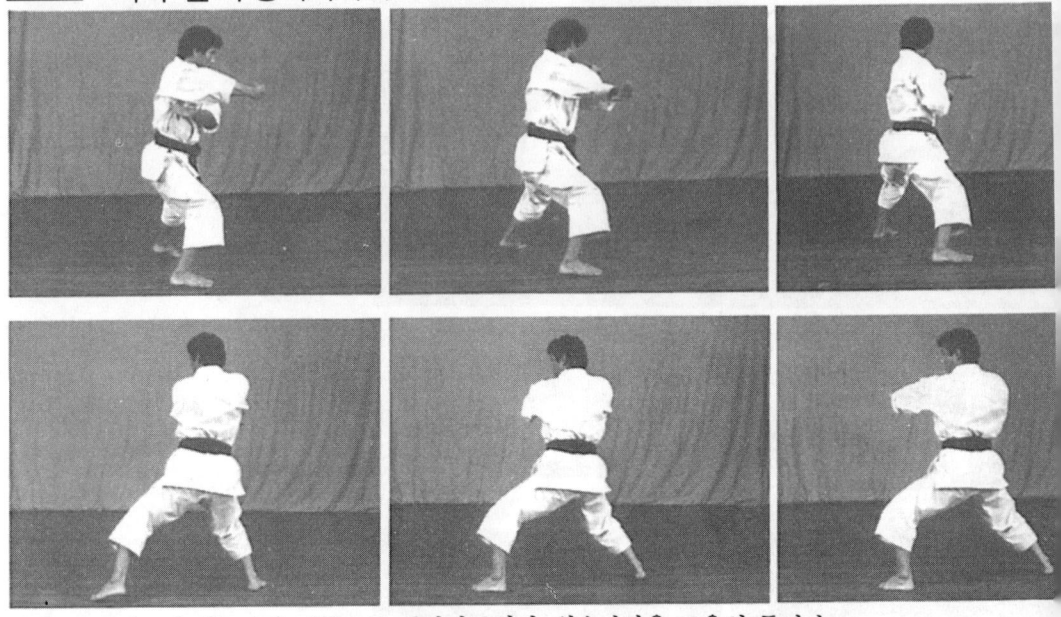

우측 다리 축, 허리를 좌전, 뒤쪽으로 돌아다보면서, 왼손바닥을 조용히 돌린다.

44b 우 중단 안다리 돌려차기

좌측 다리서기

좌족 앞 부동서기자세

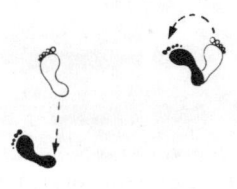

44c 좌족 뒤로 차기

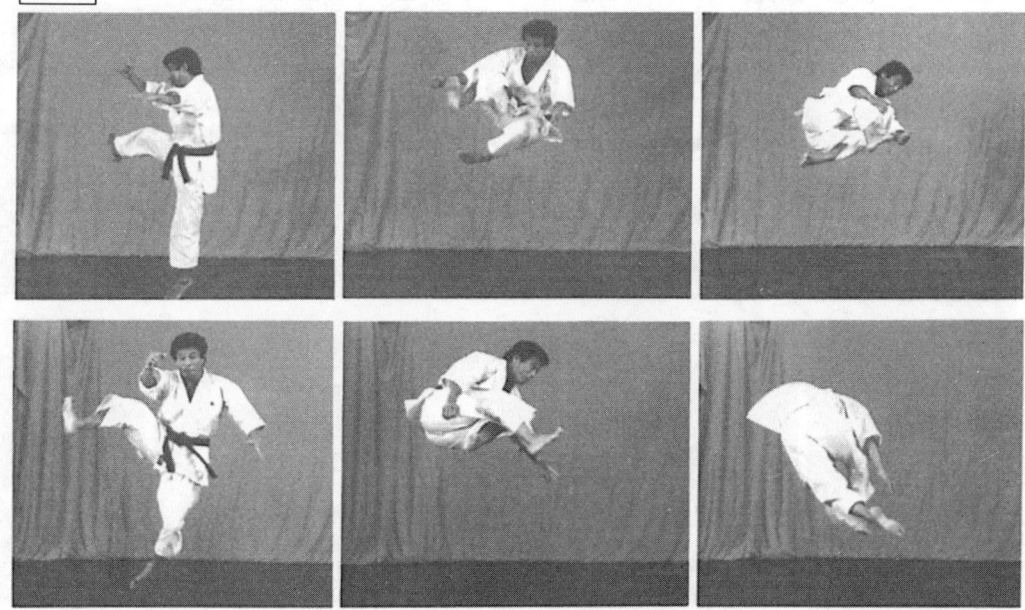

좌측 다리를 축으로 뒤 정면으로 향하여 우족으로 안다리 돌려차기, 그 기세를 이용하여 공중에서 몸을 1회전시키고, 뒤 정면으로 향해 착지하면서 좌족으로 정면을 향해 뒤차기.

착지는 우족을 앞으로 상체를 숙인 모양. 안다리 돌려차기를 한 우족은 몸으로 가능한 한 높이 끌어당겨 공중에서 1회전하여 착지.

45a 왼손목 감아 떨어뜨리면서 아래쪽으로
오른손바닥밑 우측 어깨앞으로 / 좌족 앞으로 문질러낸다

우측 다리를 축으로 일어나 좌족을 뒤 정면으로 가볍게 문질러내고 삼전서기 자세가 되면서, 왼손목은 턱앞에서 감아 떨어뜨리듯이 아래쪽으로.

뛰어오르면서 1회전하는 것이 아니라 안다리 돌려차기의 발이 착지하기 전에 몸을 돌려, 일직선으로 비틀면서 지상 빠듯이 뒤쪽으로 찬다.

45b 좌 하단 손바닥밑 지르기
우 상단 손바닥밑 지르기

좌족 앞 삼전서기자세

    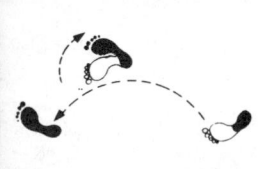

46a 오른손목 감아 떨어뜨리면서 아래쪽으로
왼손바닥밑 좌측 어깨앞으로

왼손바닥은 복부에서 차츰 아래쪽으로. 오른손바닥은 유방 앞에서 차츰 위쪽으로 양손바닥밑을 쑥 내민다(차츰 힘을 준다). 몸 앞, 중심선의 위아래로.

47 좌 상단막기

우측 다리 축, 허리를 좌전, 상체를 정면으로 향하고 좌족 부동서기자세가 된다.

46b 우수 하단 손바닥밑 지르기
좌수 상단 손바닥밑 지르기

우족 앞 삼전서기자세

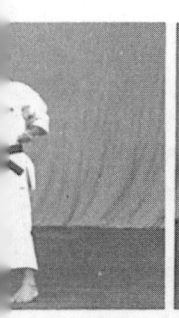   

좌 부동서기자세

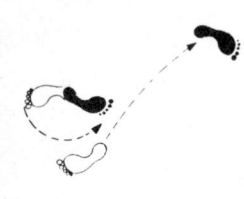

제1장 운수

| 48 | 우 중단 (역)지르기 | | 바로 ! |

좌 전굴자세

부동서기자세에서, 그 자리에서
좌 전굴자세가 된다.

64 운수 · 장진 · 이십사보

발 모아서기

양권 양쪽 비스듬히 밑으로 겨눈다.
이어서 천천히 자연체가 되고 끝난다.

자연체 팔자서기

  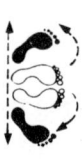

운수의 포인트
운수(雲手)

구름은 기상의 영향에 의해 천변만화한다. 이 형은 구름처럼 상대에 따라 무리 없이 변환자재이다. 상대의 의표를 찔러, 혹은 높고 낮게 뛰거나, 미끄러져 들어가기도 하고, 위협하거나 유인하기도 하고, 그나마 신체 전부의 부위를 무기로 삼아 싸움을 표현한다. 경묘기민, 간격을 잡는 법, 장단을 맞추는 법, 허실의 묘 등, 바로 병법의 비결 그대로를 느끼게 하는 형이다. 또 계두막기에서 한관수 같은 특수한 기법도 있지만, 무엇보다도 종횡으로 구사하는 차기기술도 볼 수 있는 것이 큰 특징이다. 최근 이 형을 애호하는 선수가 많은데, 이것에 숙달하기 위해서는 남보다 더 평안의 기본형이나 관공·비연·자은 등의 형에 숙달하지 않으면 '운수'를 충분히 연무할 수 없다는 것을 명심하고 수련해야 한다. 그렇지 않으면 허수아비가 춤추는 꼴이 되고 만다.

거동 1: 상대의 중단지르기를 손바닥밑으로 밑에서 튕겨올리는 요령으로 막는다. 포인트로서는 상대의 중단지르기를 붙잡는 것 같은 기분으로 막아 넘기면 된다. 또는 붙잡고 옆으로 끌어당길 수도 있다. 또 좌우로 청룡도로 반격하는 경우도 있다.

거동 2-3 : 상대의 중단지르기 공격을 우측 계두막기로 밑에서 튕겨올 리듯이 하여 지르기 팔의 안쪽을 문지르면서 막는다. 우측 계두막기로 만든 집게손가락 한 관수로 중단에 반격. 가령 밑에서 막더라도, 그대로 반원을 그리면서 팔꿈치와 손목의 스냅을 살려 맞히는 것이 중요하다.

거동 7 : 우측 계두로 만든 집게손가락 한 관수로 중단 공격.

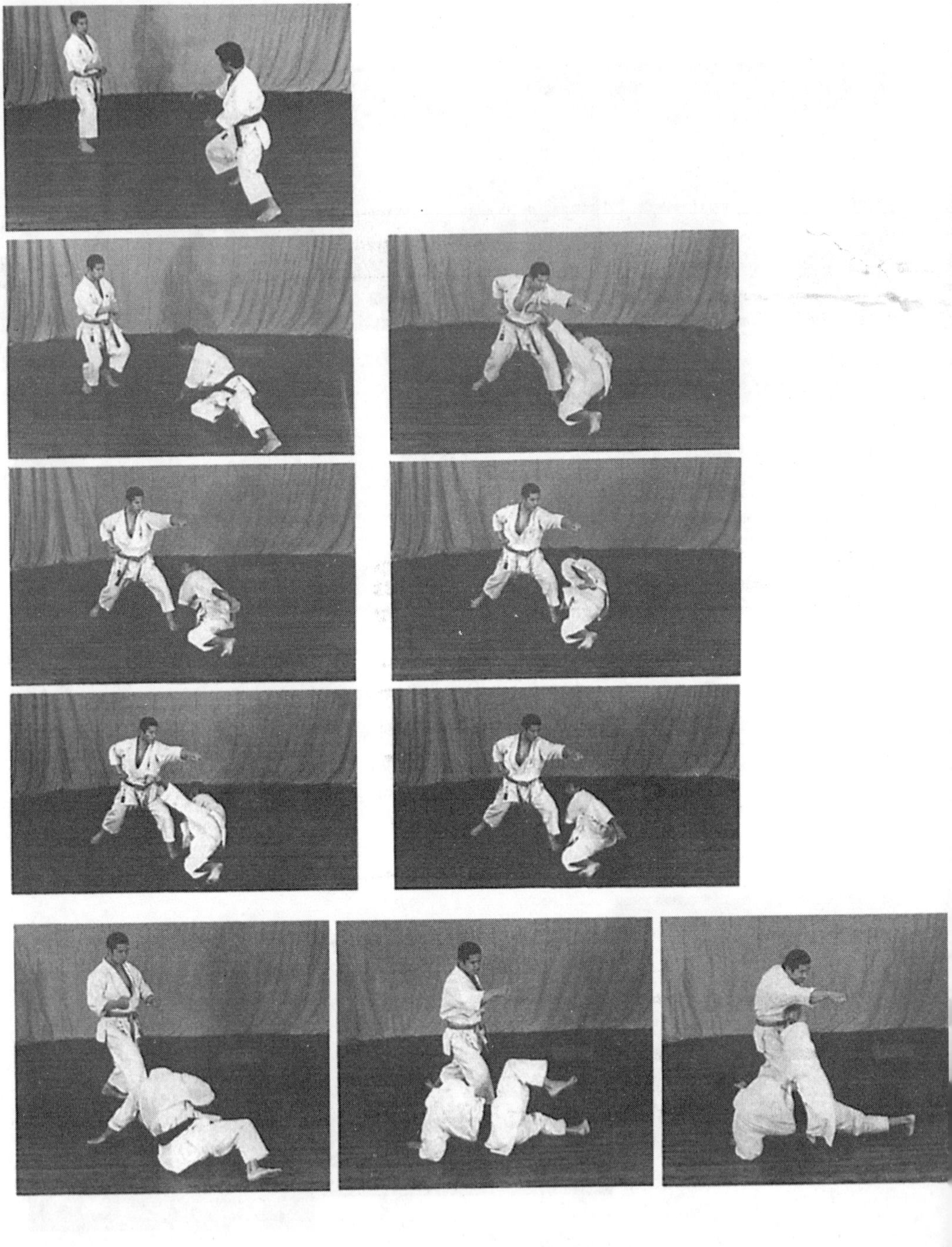

거동 16-17 : 상대의 상단지르기 또는 중단지르기에 대해, 비스듬히 앞으로 머리에서 미끄러져 들어오듯이, 공격해 오는 상대의 발밑에 몸을 숙여 다루고, 좌측 돌려차기로 중단 공격. 일단 차고 난 좌측 무릎을 좌측 비스듬히 앞으로 내려서 몸의 방향을 바꾸어, 비스듬히 앞으로 몸을 숙이고, 우측 돌려차기로 중단 공격.

거동 31-32 : 우족을 앞으로 문질러내고, 상단 유인에서 단숨에 의표를 찔러 하단 공격으로. 우측 다리 축으로 허리를 좌전시켜서 상대의 중단 지르기를 막아지르기로 반격한다. 이 때 허리의 회전을 충분히 이용하는 것이 요령.

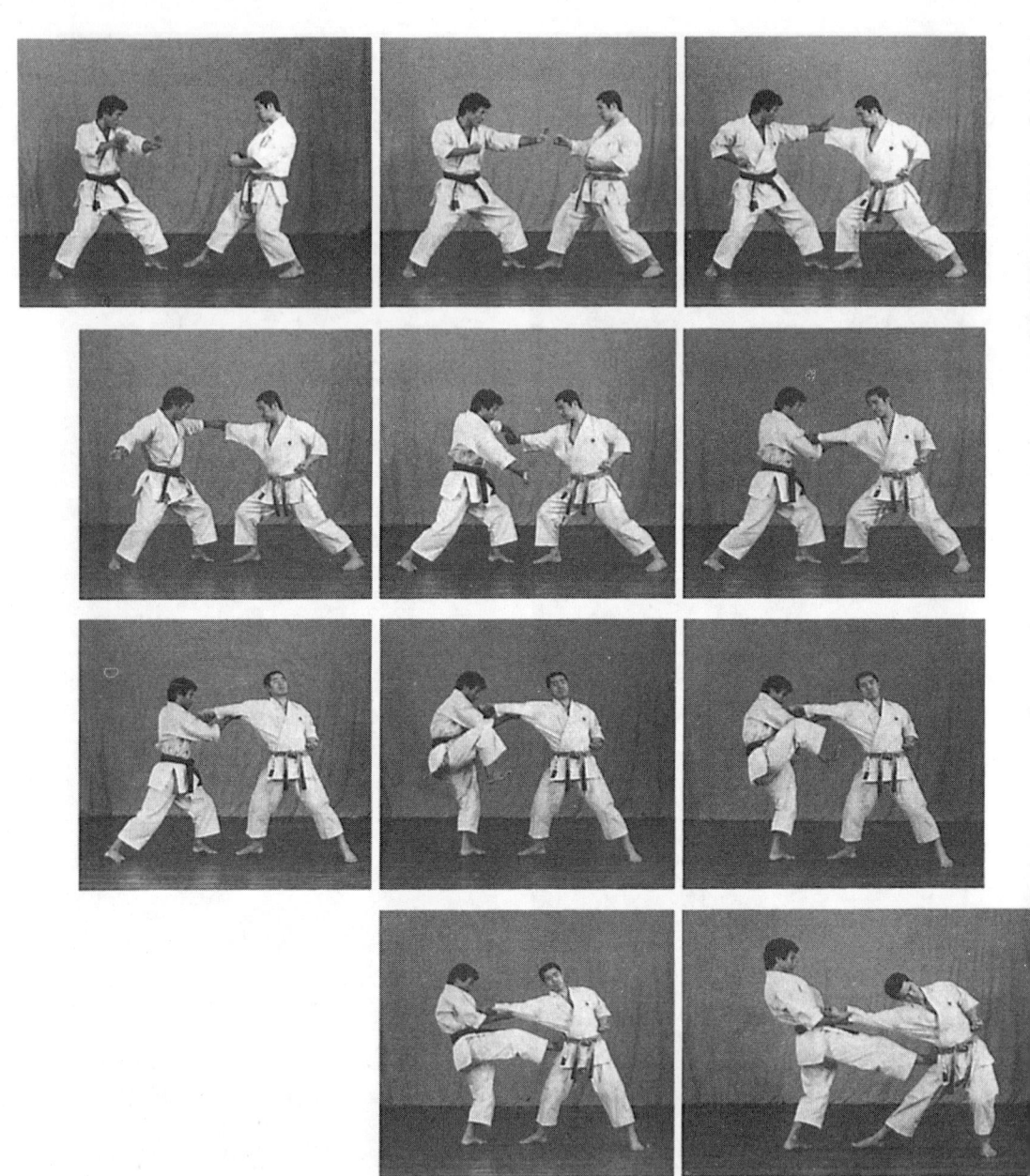

거동 35-36 : 상대의 중단지르기를 좌측 세로수도로 막고, 그 손목을 잡아 관절을 꺾어서 오른손바닥밑으로 팔꿈치 관절을 부러뜨리듯이 밑에서 친다. 그대로 상대의 손목을 잡아끌어당기면서, 우측 발뒤꿈치로 하단 공격.

2
장진(壯鎭)

겨누기

| 1 | 우 하단막기 / 좌 상단막기 |

자연체에서 우족을 정면으로 문질러내어 우족 앞 부동서기자세가 되고, 동시에
우권을 머리 위에서부터 내리쳐서 하단막기. 좌권은 밑에서 비틀면서 이마 앞으로.

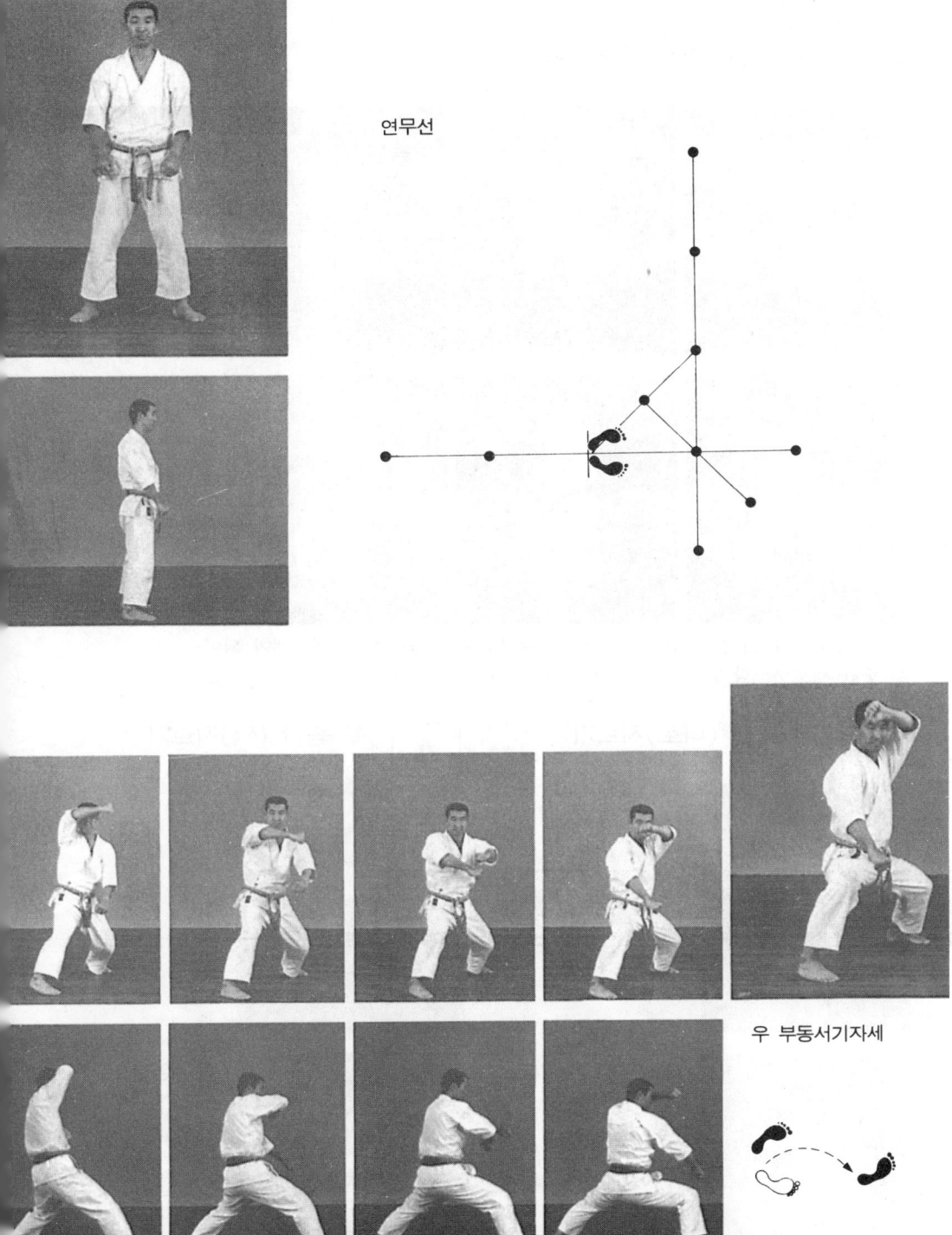

연무선

우 부동서기자세

우측 어깨 입신(入身)이 되고 오른팔꿈치를 약간 굽힌다. 손과 다리를 동시에 양권 가슴 앞에서 교차시키고 천천히 비틀면서 연무선 부동서기자세.

2 우 중단 (세로)수도막기

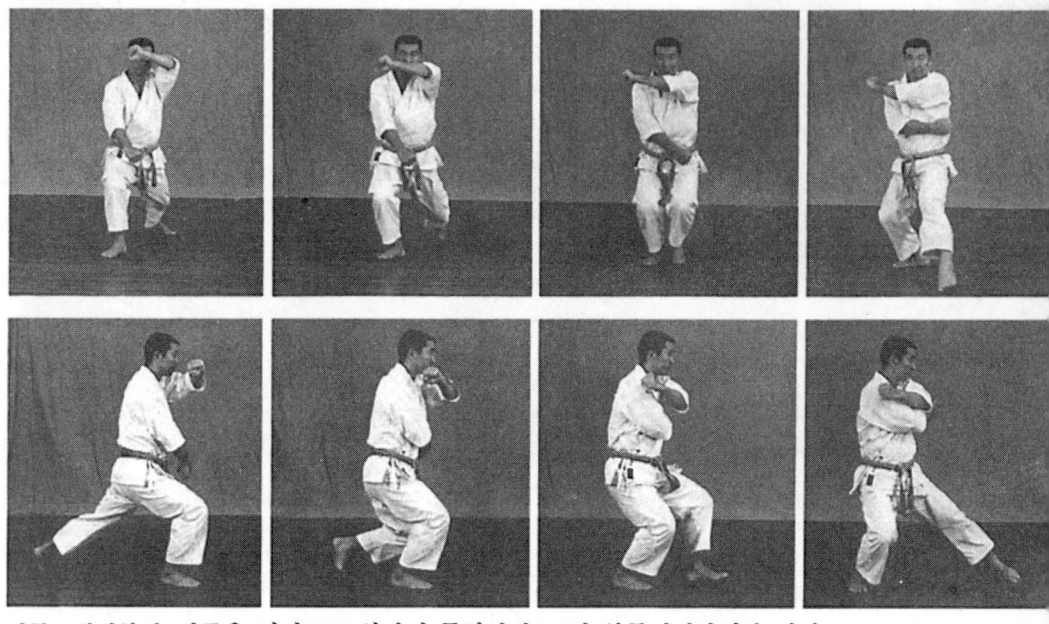

거동 1에서부터, 좌족을 정면으로 향하여 문질러내고, 좌 부동서기자세가 되어,
우 중단 세로수도막기(천천히 쥐어짜듯이).

3 좌 중단 (바로)지르기

좌 부동서기자세

4 우 중단 (역)지르기

좌 부동서기자세

3과 4는 연속해서 빠르게.

좌 부동서기자세

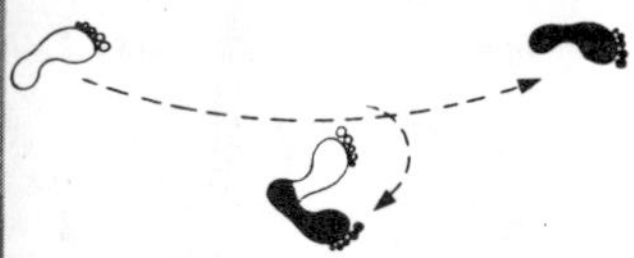

5 우권 측면 상단 팔막기
   좌권 측면 하단막기

좌 부동서기자세

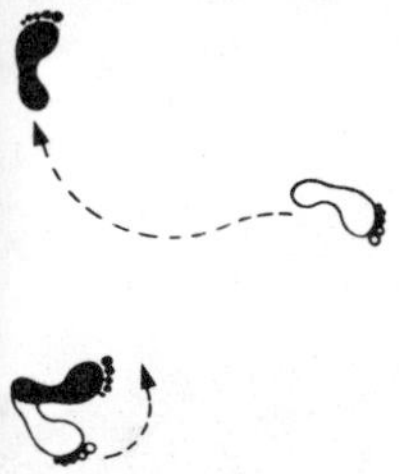

우측 다리 축, 허리를 좌전, 좌족을 옮겨서 좌족 앞 후굴자세가 되고, 측면 상하단막기.

제 2 장 장진   75

| 6 | 우권 하단막기 / 좌권 상단막기

우 부동서기자세

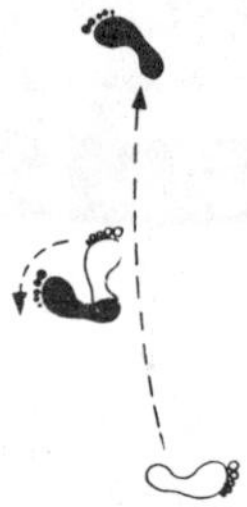

우족을 앞으로 문질러내어 우 부동서기자세가 되고, 상·하단막기.
동시에 강하고 빠르게.

좌 부동서기자세

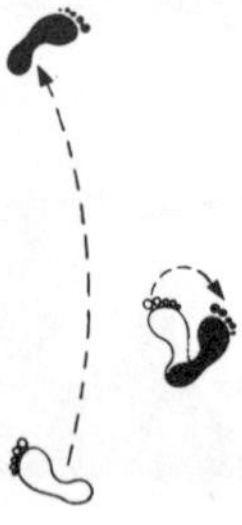

76 운수·장진·이십사보

| 7 | 우 중단 (세로)수도막기 |

좌족을 다시 한 발 문질러낸다. 천천히 힘차게 손과 다리를 동시에 끝내기되도록.

| 8 | 좌 중단 (바로)지르기 |

좌 부동서기자세

| 9 | 우 중단 (역)지르기 |

좌 부동서기자세

10 우권 측면 상단 팔막기 / 좌권 측면 하단막기

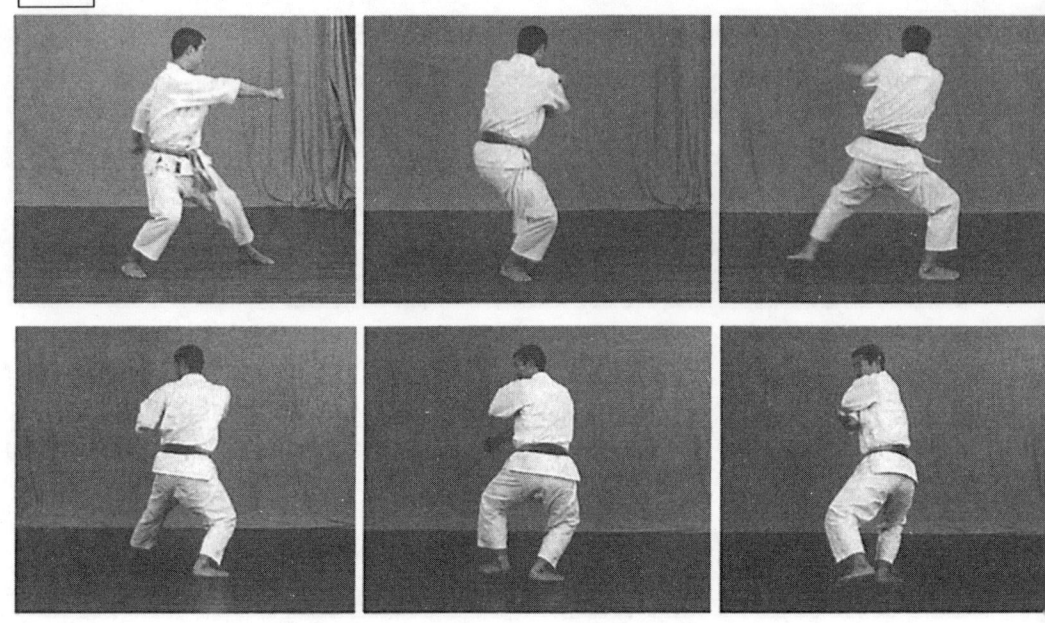

우측 다리 축, 허리를 좌전. 좌족을 한 발 뒤로 문질러내어, 뒤를 돌아다보고, 우 후굴자세가 되어, 우권 측면 상단 팔막기, 좌권 측면 하단막기.

11 우권 하단막기 / 좌권 상단막기

우 후굴자세

우 부동서기자세

제 2 장 장진

| 12 | 우 중단 (세로)수도막기 / 좌 부동서기자세 |

좌족을 한 발 앞으로 문질러낸다. 천천히 세게 쥐어짜듯이.

| 13 | 좌 중단 (바로)지르기 |

좌 부동서기자세

| 14 | 우 중단 (역)지르기 |

좌 부동서기자세

13, 14는 중단 연속지르기.

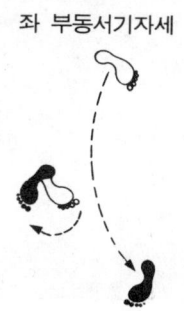

좌 부동서기자세

15 좌 상단 옆 등주먹치기
좌 중단 옆차기

우측 다리서기

우측 다리 축, 허리를 좌전. 좌족을 우측 무릎 옆에서 빼어올리듯이 하여 옆으로 찬다. 동시에 등주먹으로 측면 공격.

제 2 장 장진   81

| 16 | 우 중단 팔꿈치 앞돌려차기
(왼손바닥에 댄다) |

좌 부동서기자세

옆을 차올린 발을 찬 쪽으로 내리는 것과 동시에 좌 부동서기자세가 되고 오른팔꿈치로 댄다.

| 18 | 좌 중단 팔꿈치 앞돌려차기
(오른손바닥에 댄다) |

우 부동서기자세

| 17 | 우 상단 옆 등주먹치기
우 중단 옆차기

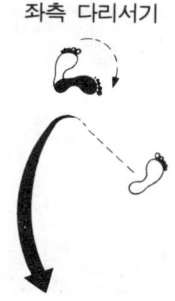

좌측 다리서기

좌측 다리 축, 허리를 우전하면서 우족을 날려 옆차기.

| 19 | 우 중단 수도막기

좌 후굴자세

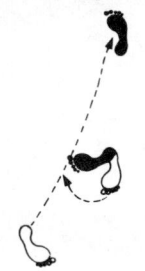

좌측 다리 축, 허리를 우전, 뒤를 돌아다보면서 수도막기.

제 2 장 장진 83

20 좌 중단 수도막기

우 후굴자세

좌족을 비스듬히 앞으로 문질러내어 좌 수도막기.

22 우 중단 수도막기

좌 후굴자세

21 좌 중단 수도막기

우 후굴자세

우측 다리 축, 허리를 좌전하여, 좌측 옆으로 좌 수도막기.

23 우 중단 수도막기

좌 후굴자세

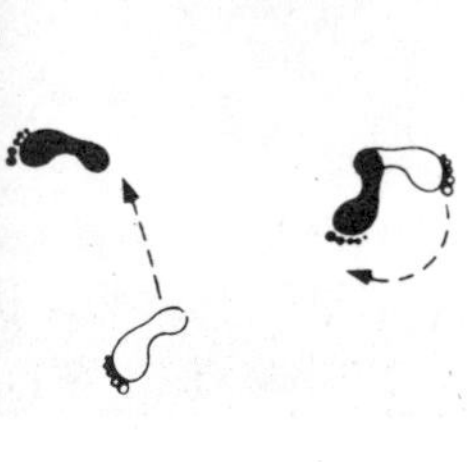

24 좌 중단 수도막기

우 후굴자세

좌족을 뒤 정면으로 문질러내고.

26 양손 그대로 좌족 중단 앞차기

25 우측상단옆 관수(손등 아래쪽 향하기)
왼손바닥 중단 눌러막기

우 후굴자세

우 후굴자세인 채, 뒤 정면으로 보내기 발로 나아간다.

27 좌권 상단 뒤지르기
우 상단안쪽 팔비틀어막기 / 우 중단 앞차기

우측 다리서기

좌측 차는 발을 앞으로 내디디면 곧바로 우족으로 앞차기, 동시에 우측 앞팔을
세워 우측으로 비틀면서 우 상단안쪽 팔비틀어막기, 좌권 상단 뒤지르기.

제 2 장 장진   87

좌측 다리서기

우족, 좌측, 우측의 손이 동시에 동작해야 한다.

| 29 | 우 상단 안다리 돌려차기
왼손바닥 뒤쪽으로 민다(손등 좌측 향하기) |

좌측 다리 축, 허리를 좌전, 뒤를 돌아다보고 우족을 날려 왼손바닥으로 안다리 돌려차기.

| 28 | 우 상단 뒤지르기(등 아래쪽 향하기)
좌 상단안쪽 팔비틀어막기(손등 앞쪽 향하기) |

우 부동서기자세

앞차기의 우족을 앞으로 내딛는 것과 동시에 양팔을 바꾸어 넣고,
좌측 비틀어막기와 우측 뒤지르기를 동시에 끝내기한다.

좌측 다리서기

30 우 하단막기 / 좌 상단막기

안다리 돌려차기를 한 우족을 정면에 내려 우측 부동서기자세가 되고, 우권은 머리 위에서부터 크게 휘둘러 내려, 좌우 양권 가슴 앞에서 교차해 힘껏 당기며 상하단으로.

31 좌 중단 팔막기

우측 다리 축, 좌족을 좌측 비스듬히 앞으로 문질러내어서, 좌측 부동서기자세가 되어 좌권으로 중단 팔막기.

우 부동서기자세

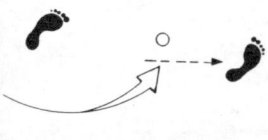

좌 부동서기자세

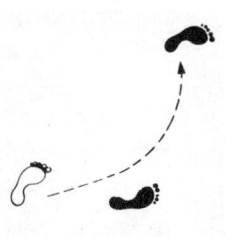

32 우 중단 (바로)지르기

우족을 앞으로 문질러내어서, 우측 부동서기자세가 되어 우권으로 중단 (바로)지르기.

33 우 중단 팔막기

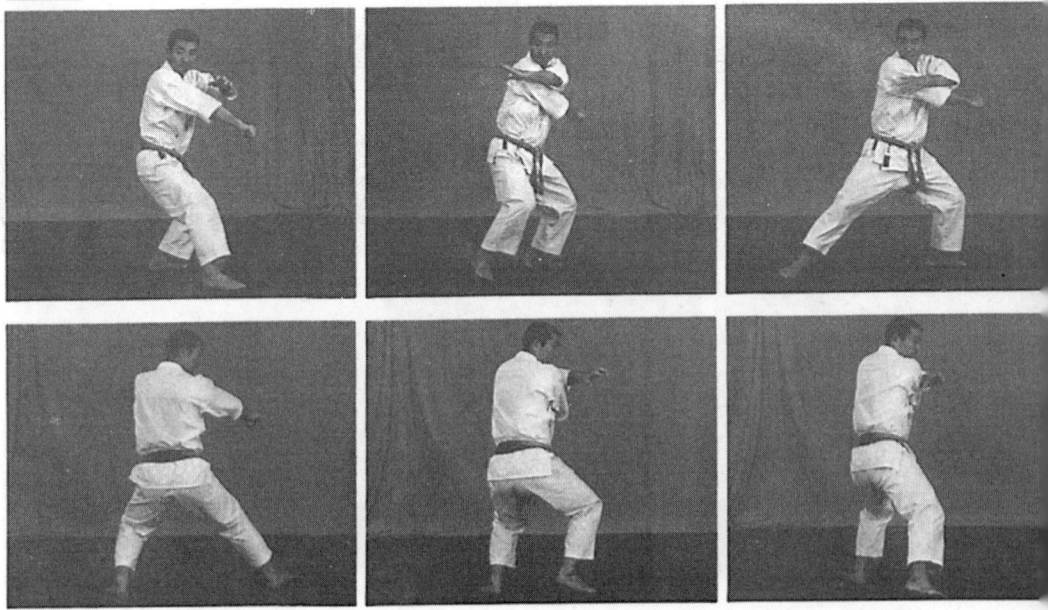

좌측 다리 축, 허리를 우전, 우족을 우측 비스듬히 앞으로 문질러 내어 우 중단 팔막기.

우 부동서기자세

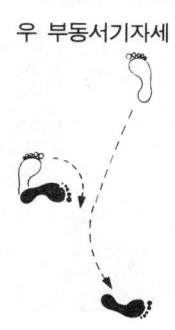

우 부동서기자세

제 2 장 장진

34 좌 중단 (바로)지르기

좌족을 앞으로 문질러내어서.

35 좌 중단 팔막기

우측 다리 축, 허리를 좌전, 좌족을 정면으로 옮겨 좌 부동서기자세가 된다.

좌 부동서기자세

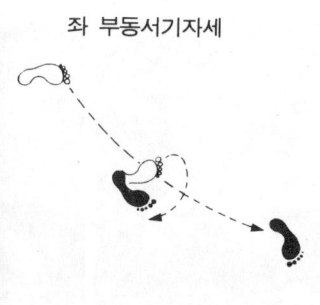

좌 부동서기자세

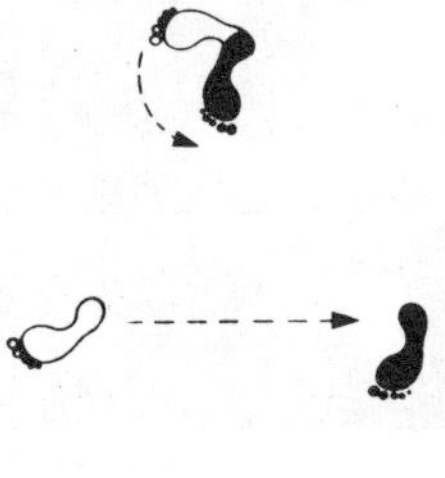

제 2 장 장진

| 36 | 우 중단 팔막기
(상체는 역반신) |
|---|---|

좌 부동서기자세

35 그대로의 서기로 역반신이 되어 바꾸어 막고 우 중단 팔막기.

| 38 | 좌 중단지르기
우권 우측 유방앞에 겨눈다 (등 위쪽 향하기) |
|---|---|

앞차기의 우족을 처음의 위치로 되돌려서 좌 중단지르기. 우측 차는 발의 되돌리기, 좌 중단지르기, 우권 우측 유방 앞으로, 이 세 가지의 동작은 동시에 쥐어짜듯이 힘차게 행한다.

37 자세 그대로
우 중단 앞차기

좌측 다리서기

좌 부동서기자세

제 2 장 장진 97

39 우 중단 (역)지르기	**40** 좌 중단 (바로)지르기

 좌 부동서기자세	
서기는 그대로.	39와 40은 연속지르기.

좌 부동서기자세

좌족을 당겨 자연체가 되고, 천천히 처음의 자연체 위치로 되돌아간다.

자연체

제 2 장 장진

장진의 포인트
장진(壯鎭)

　웅대하고 견고, 안정된 강함을 표현하는 형이다. 태반의 서기는 듬직한 부동서기자세이기 때문에, 특히 장진서기자세라고도 한다. 이 서기는 종횡으로 강한 서기자세이다. 동작도 천천히 웅대하고, 그나마 힘차게 연무하지 않으면 이 형의 특징은 나오지 않는다. 힘은 제로에서 10으로 차츰 심줄을 꽉 죄어야 하는데, 때로는 느닷없이 번쩍 순발력을 효과적으로 발현해야 한다. 또 상대에게 반격할 여지를 주지 않고 단숨에 대시하는 호흡을 터득하는 것이 중요한 요소이다. 당당한 큰 기술을 숙달하는 것과 동시에 무도(武道), 인생의 길에 필요한 부동심(不動心)의 양성에 유념하는 것도 중요하다.

거동 1 : 상대의 상단 공격을 좌 상단막기로 막은 채, 하단 공격을 우 하단막기로 막는다.

거동 2-3 : 좌족을 정면으로 향해 문질러내어서, 좌족 앞 부동서기자세
　가 되어 우수 중단 세로수도막기. 그대로의 서기로 좌우 중단 연속지르
　기.

거동 5-6 : 좌측 다리를 축으로 허리를 우전, 우족을 옮겨, 우족 앞 우
　후굴자세가 되고, 하단 공격을 우 하단막기로 막는다.

거동 24-26 : 상대의 중단지르기 공격을 왼손바닥으로 누르면서, 우측 옆 관수로 상단에 반격하여, 연속 좌측 앞발로 중단 앞차기.

거동 28-30 : 우족을 날려 왼손바닥으로 안다리 돌려차기. 차는 발을 정면에 내려 우 부동서기자세가 되고, 우권은 머리 위에서부터 크게 휘둘러 내려, 좌우 양권 가슴 앞에서 교차시켜 서로 힘껏 당기면서 상하 단으로.

거동 27-28 : 상대의 상단지르기 공격을 우 상단 안쪽 팔비틀기로 막아 튕기면서, 좌권으로 상단 뒤지르기를 반격하는 것과 같이 우족으로 중단 앞차기. 앞차기의 우족을 앞으로 딛고 내리는 것과 동시에 좌측 비틀어 막기와 우측 뒤지르기로 동시에 끝내기한다.

제 2 장 장진

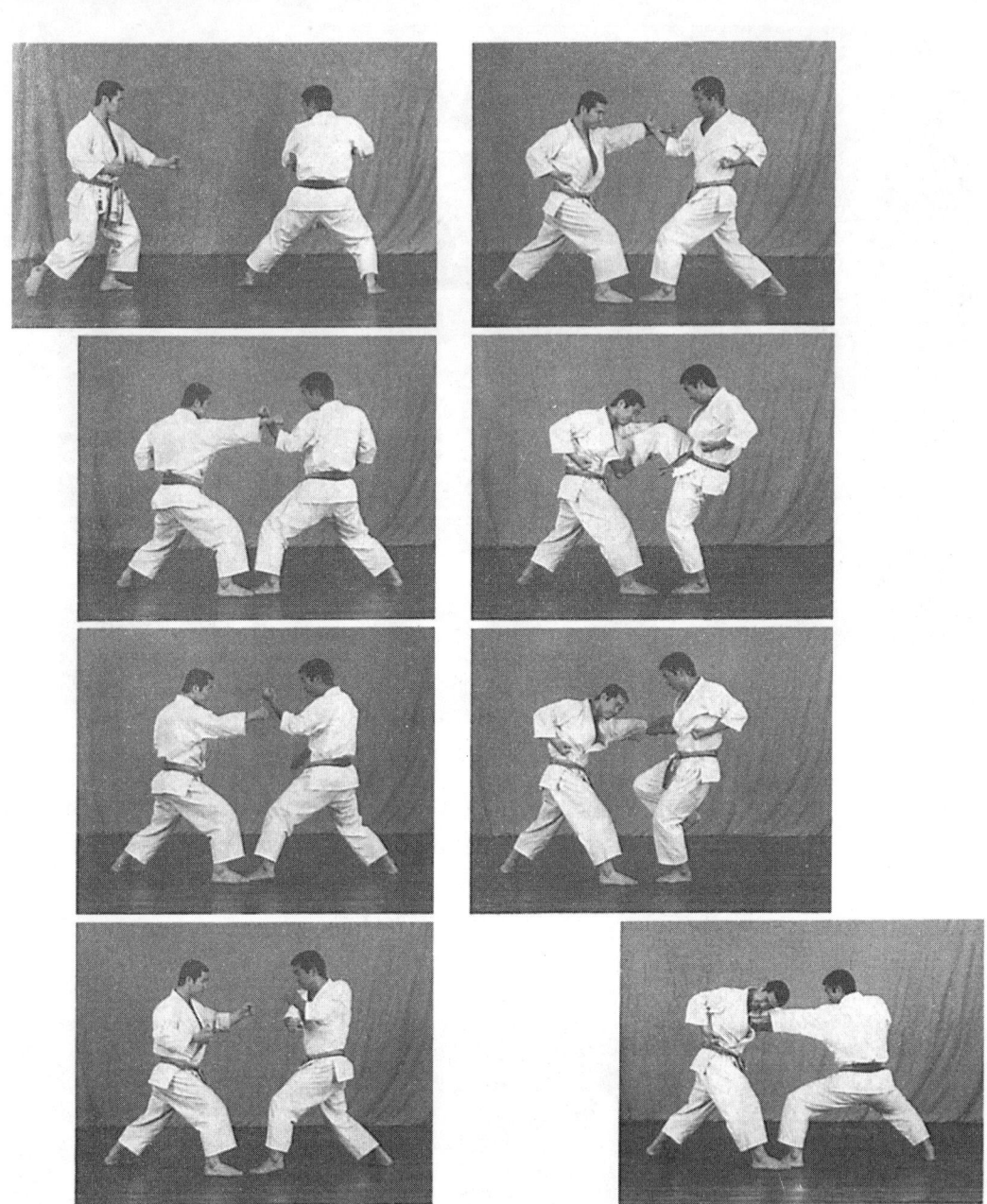

거동 35-38 : 상대의 중단지르기 공격을 좌 중단 팔막기. 그대로의 서기로 역반신이 되고, 바꾸어 막아서 우 중단 안쪽 팔막기, 우족 중단 앞차기. 우 중단 안쪽 팔막기에서 손목을 잡아 끌어당기면서 좌 중단지르기. 일련의 동작은 힘차게 행한다.

3
이십사보(二十四步)

겨누기

| 1 | 왼손바닥 중단 누르기 |

우족을 뒤로 당기고, 보내기 발인 듯이 우 후굴자세가 되면서, 왼손바닥을 앞쪽으로 약간 높을 듯한 데서부터 천천히 끌어내린다. 차츰 힘을 준다.

자연체

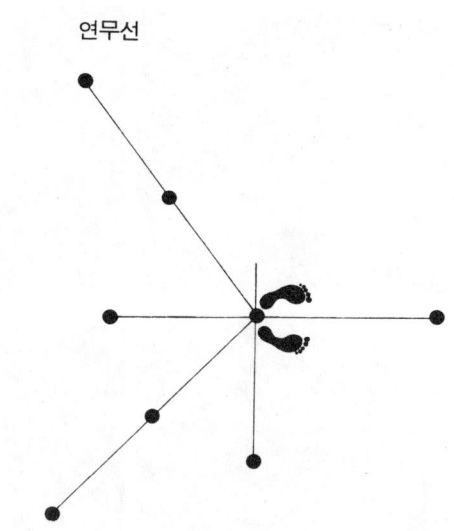

연무선

우 후굴자세

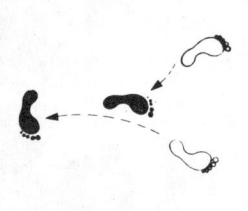

제 3 장 이십사보 107

| 2 | 우 중단 역지르기
왼손바닥 팔꿈치위에 곁들인다

우 후굴자세인 채, 정면으로 향해 보내기 발로 나오면서 우 중단 역지르기. 왼손바닥밑은 오른팔등을 문지르듯이 하여 쑥 내민다.

| 3 | 좌 중단 팔꿈치 앞돌려차기

일단 좌족을 정확히 문질러내고, 다음에 우족을 끌어당기면서 좌측 자연체가 된다. 완급의 흐름에 얹히게 해서 스무드하게!

우 후굴자세

좌측 자연체

제 3 장 이십사보 109

| 4 | 양권 양쪽 허리겨누기 |

좌측 다리 축, 허리를 우전, 뒤쪽으로 돌아다보면서 양권을 머리 위에서부터
돌려, 교차시켜 쥐어짜듯이 양쪽 허리로.

| 5 | 양권 합쳐 지르기 |
(우권 상단, 좌권 중단)

| 6 | 양팔 상단막기 |

우측 앞 삼전서기

110 운수 · 장진 · 이십사보

우측 앞 삼전서기

좌측 다리서기

우측 무릎을 올리는 것과 동시에 양쪽 앞팔을 얼굴 앞에서 합치기(등 앞쪽 향하기)로 끼워막기.

제 3 장 이십사보 111

7 양권 중단 벌려막기

우족을 앞으로 내리면서 우 전굴자세가 되고, 양권을 가슴 앞에서 교차. 천천히 밀어제친다.

8 좌 상단막기

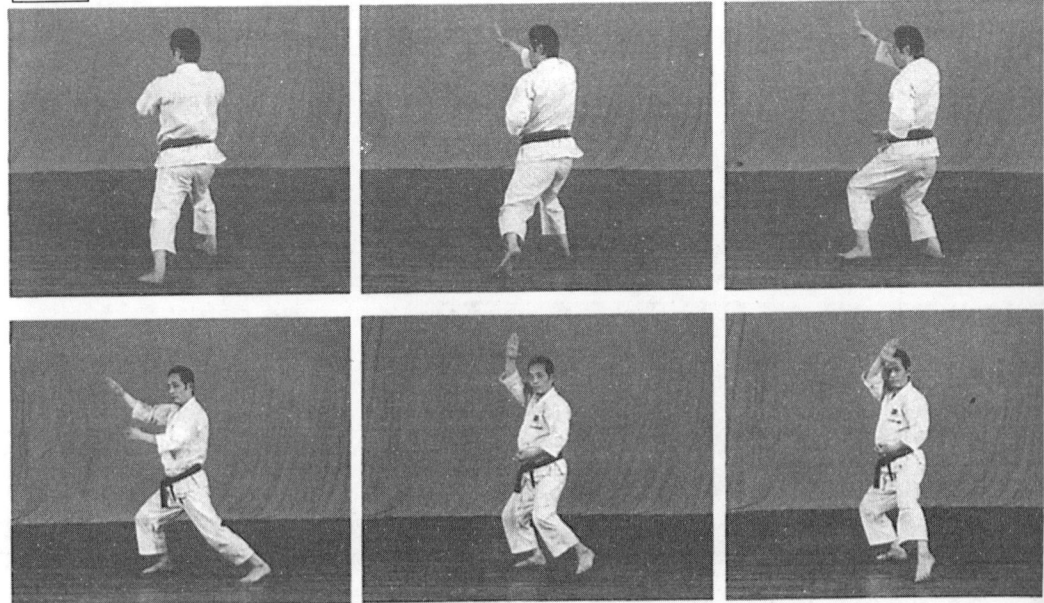

우측 다리 축, 허리를 좌전, 좌족을 좌측 옆으로 문질러낸다.

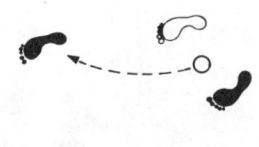

우 전굴자세

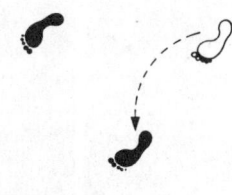

좌 전굴자세

제3장 이십사보 113

9 우 상단 팔꿈치 올려치기

허리를 좌전, 역반신이 되고.

10 우 중단 (걸쳐서)수도막기

허리를 우전, 기마자세가 된다.

좌 전굴자세

기마자세

제 3 장 이십사보 115

11 우권 우측 허리 / 우 중단 옆차기

오른손바닥은 꽉 쥐면서 우측 허리로 끌어당기는 것과 동시에 우족도로 옆차기. 철기(鉄騎)초단의 물결뒤집기와 마찬가지로, 찰 때 허리의 위치를 바꾸지 않아야 한다.

13 좌 중단 (걸쳐서)수도막기

12. 좌 중단 (역)지르기

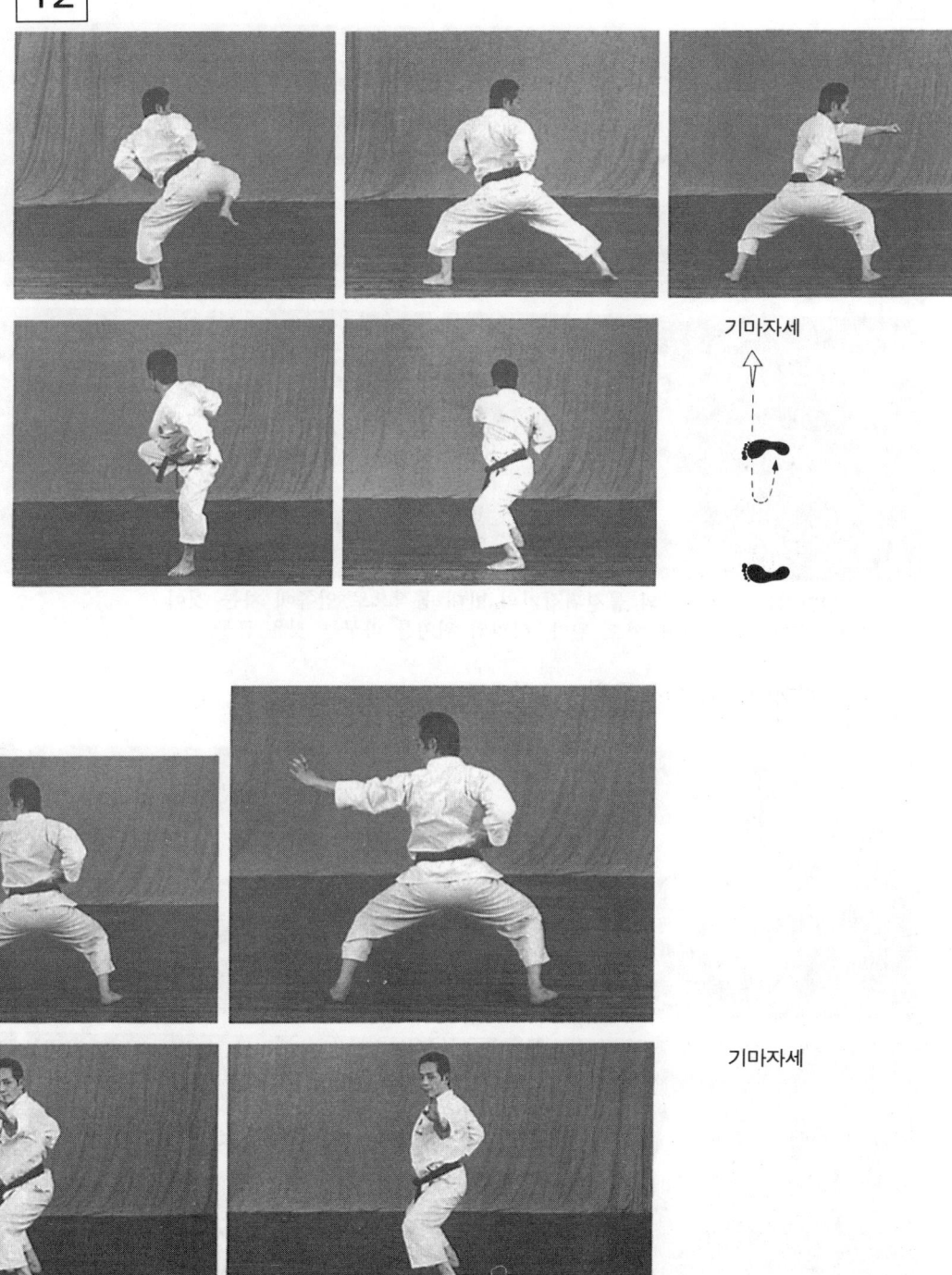

기마자세

기마자세

제 3 장 이십사보 117

14 좌권 좌측 허리 / 좌 중단 옆차기

이 때의 옆차기는 철기초단의 물결뒤집기의 반대 동작으로 안쪽에 차는 것이 아니라 바깥쪽에 찬다. 낮게 차도 된다. 허리의 위치를 바꾸는 것은 금물.

15 우 중단 (역)지르기

우측 다리서기

기마자세

제 3 장 이십사보 119

| 16 | 오른손목 중단 감아떨어뜨리기 / 왼손바닥밑 상단지르기

우측 다리를 축으로 좌족을 반 걸음 끌어당기고, 다음에 좌측 다리를 축으로 비스듬히 좌측 앞으로 우족을 문질러내면서 우 전굴자세가 되고, 오른손목으로 감아떨어뜨리기를 하면서 왼손바닥 밑으로 상단지르기.

| 17 | 우 상단 배도치기 / 좌 하단 손바닥치기

우측 다리 축, 허리를 좌전. 뒤로 돌아다보면서 좌 전굴자세가 되고, 우측 상단 배도치기와 좌측 하단 손바닥치기.

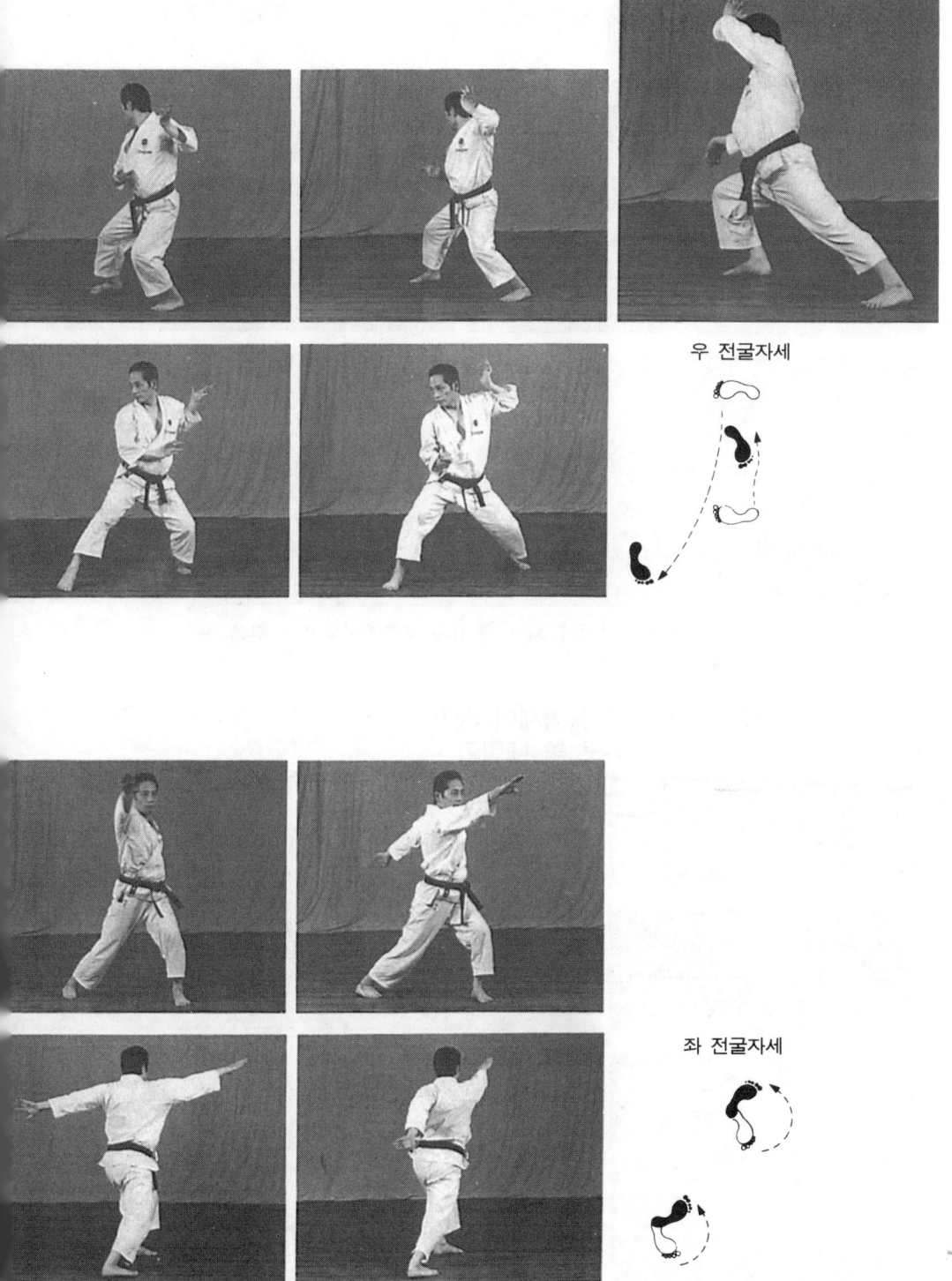

우 전굴자세

좌 전굴자세

제 3 장 이십사보

| 18 | 양손바닥 상단 견제 |

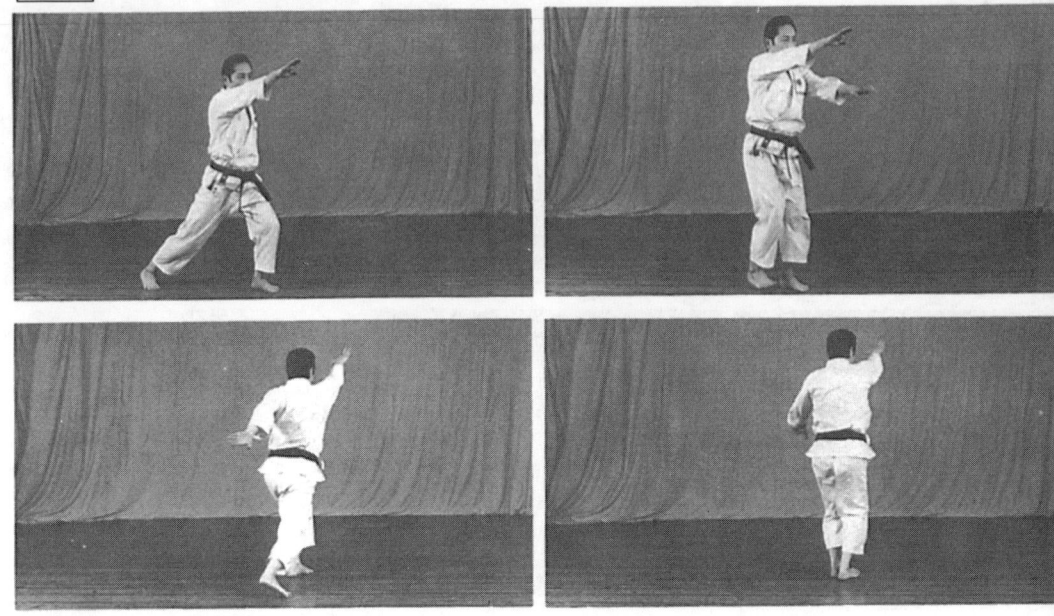

좌족을 우족에 끌어당겨 발 모아서기가 되고, 동시에 오른손바닥으로 왼쪽 손등을 밑에서 소리를 내고 세게 댄다.

| 19 | 왼손바닥 하단 아구 잡아채어 막기
오른손바닥 하단 아구 쑥 내밀기 |

좌족을 뒤쪽으로 당겨 우 전굴자세가 되고 좌측 아구로 하단을 잡아채어 막기 동시에 우측 아구를 쑥 내민다.

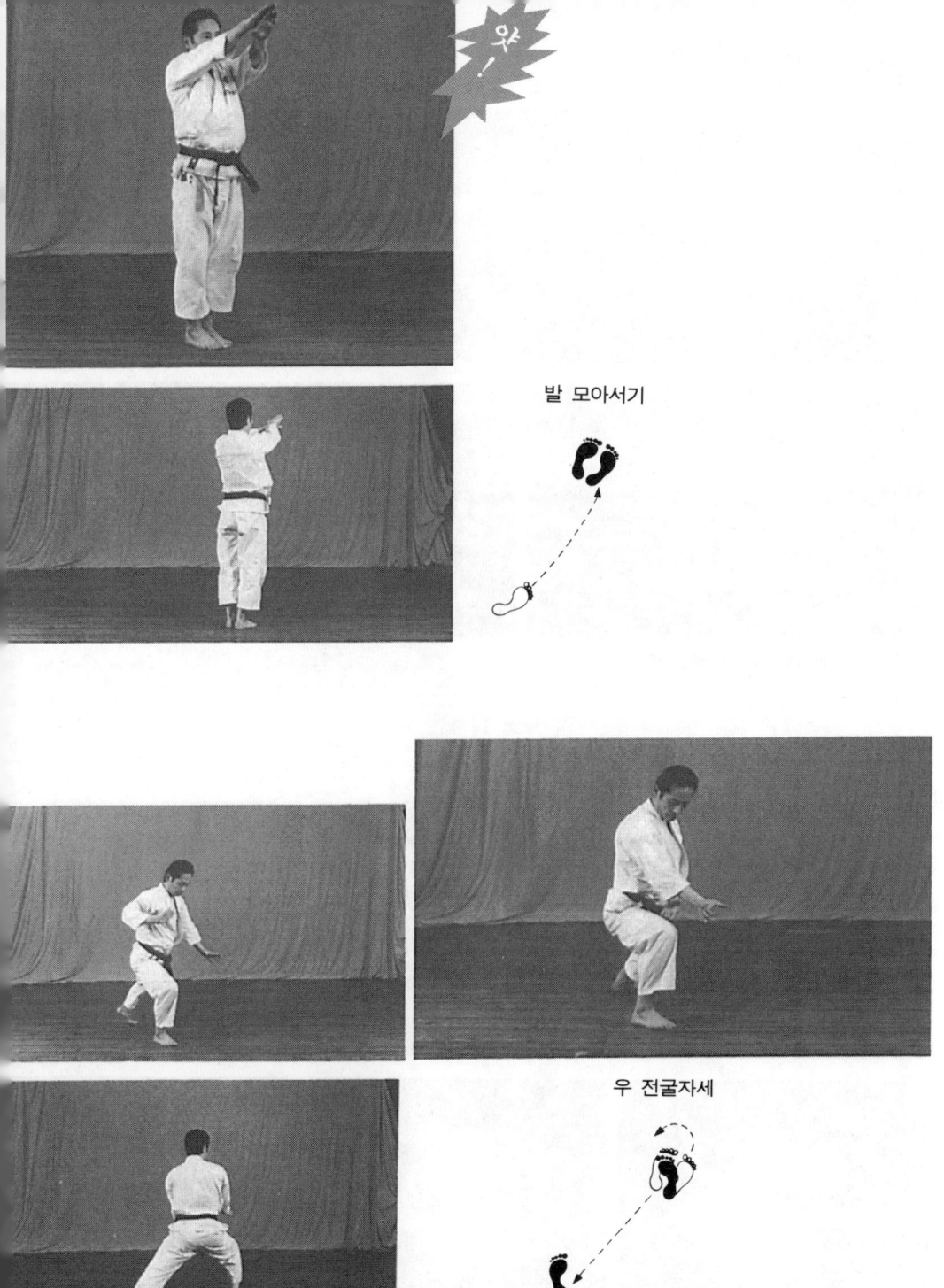

왼손바닥은 밑에서 잡아채듯이 바로 앞에 끌어당기고, 오른손바닥은 위에서 질러내리듯이 오른손바닥은 왼손바닥과 교차하여, 끝내기했을 때는 왼손바닥은 오른팔꿈치 밑에 접한다.

| 20 | 하단 합쳐 지르기
(좌권등 위쪽 향하기, 우권 손등 아래쪽 향하기)

거동19, 20은 계속해서 빠르게.

| 21 | 좌 중단 손등막기

우측 다리 축, 허리를 좌전. 비스듬히 좌측으로 우 전굴자세가 되고, 동시에 왼손등 막기. 천천히 동작한다.

우 전굴자세

우 후굴자세

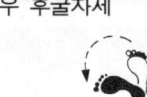

22 우 상단 (세로)팔꿈치 올려치기

거동 21과 같이 비스듬히 좌측 앞쪽으로 우족을 문질러내면서 기마자세가 되고, 오른팔꿈치는 우측 몸쪽을 문질러 올라 주먹을 우측 귀 옆으로 하여 팔꿈치를 높이 올려친다(등 바깥쪽 향하기).

23 좌 중단지르기 / 우 상단막기

기마자세인 채 비스듬히 좌측 선상으로 보내기 발인 듯이.

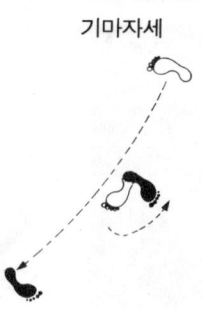

기마자세

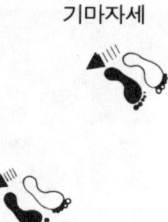

기마자세

제 3 장 이십사보 127

| 24 | 우 하단막기
좌권 좌측 허리 | | 25 | 좌 중단 손등막기 |

기마자세

다시 크게 보내기 발로 내리면서 우 하단막기.

우측 다리 축, 허리를 좌전,
우 후굴자세가 된다.

| 26a | 우 중단 팔꿈치 앞돌려쳐서 대기
(왼손바닥에 댄다) |

우 후굴자세

기마자세

제 3 장 이십사보

26b 우 하단막기
왼손바닥 오른팔꿈치위에 곁들인다
(등 앞쪽 향하기)

27 좌 중단 배수막기

기마자세

우측 다리 축, 허리를 좌전. 우족을 문질러
내면서 기마자세가 되어 오른팔꿈치 대기.
다음에 기마자세인 채 우 하단막기를 한다.

28 우 상단 팔꿈치 올려쳐서 대기

우 후굴자세

우측 다리 축, 허리를 우전. 우측 비스듬히 앞으로
좌족을 옮기고 우 후굴자세가 된다.

기마자세

제 3 장 이십사보

| 29 | 우 중단지르기 / 우 상단 바깥막기

| 30 | 우 하단막기

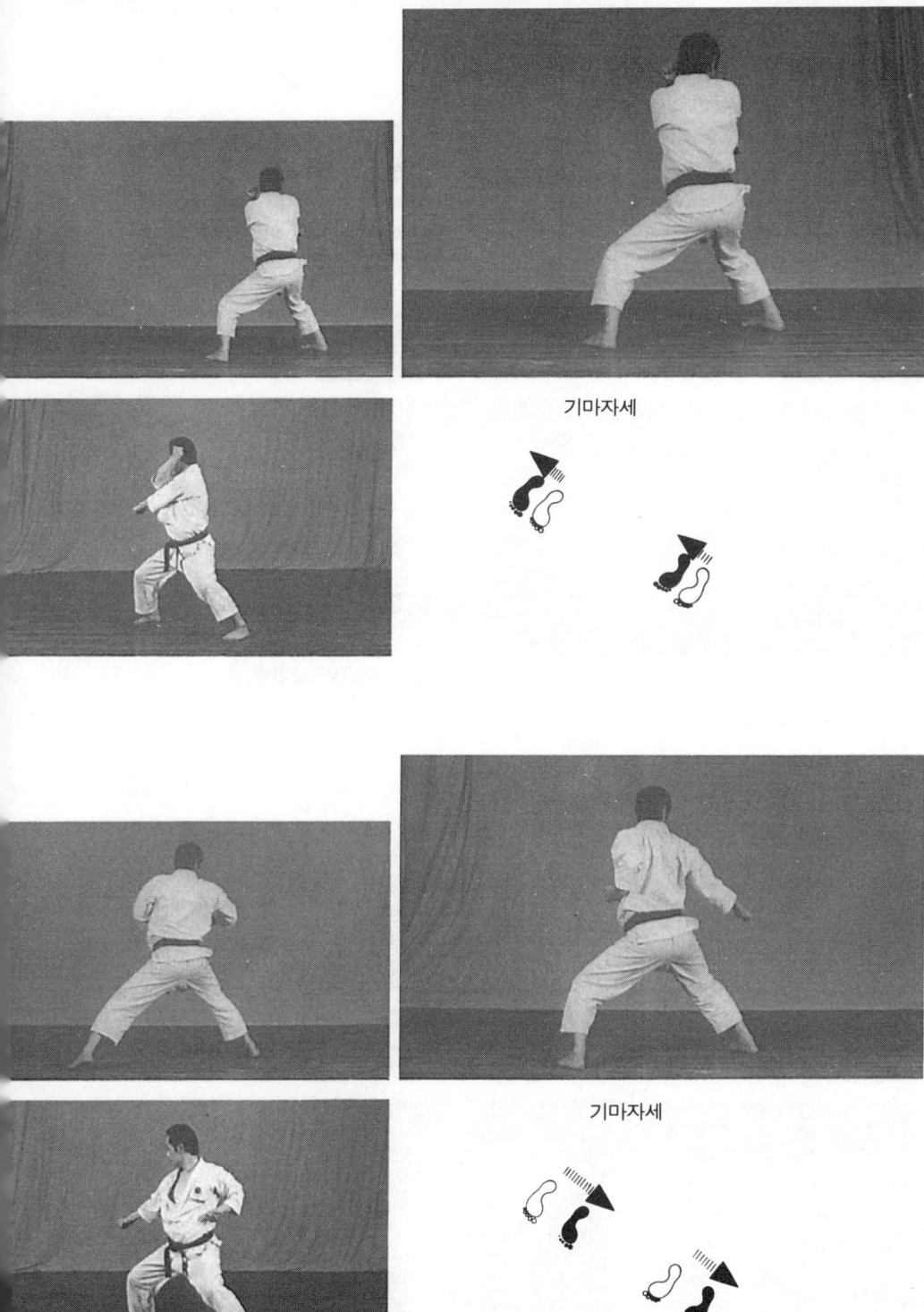

기마자세

기마자세

제 3 장 이십사보

| 31 | 우권 우측 허리에 겨눈다
좌권 좌측 허리에 겨눈다

양권 머리 위에서부터 크게 돌리면서, 일단 교차시켜 양쪽 허리로 당긴다.

좌측 앞 삼전서기

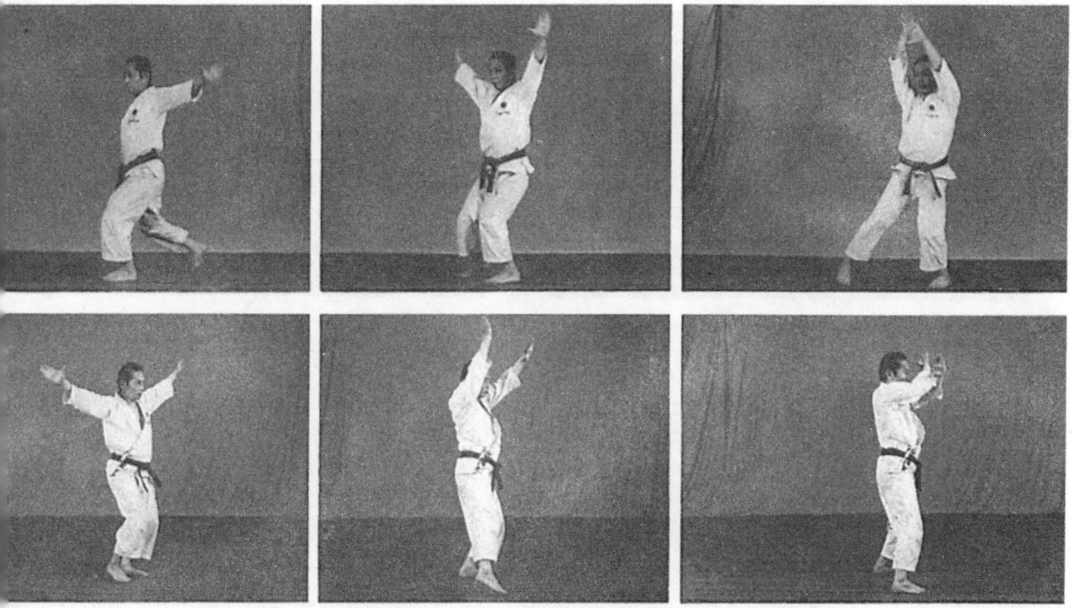

| 32 | 양권 합쳐 지르기
(우권 상단지르기, 좌권 중단지르기)

좌측 앞 삼전서기

제 3 장 이십사보 135

33a 오른손목 중단 감아떨어뜨리기
왼손바닥밑 좌측 어깻죽지에 겨눈다

33b 우 중단 손바닥밑 지르기
좌 상단 손바닥밑 지르기

우측 앞 삼전서기

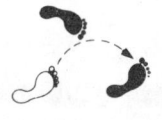

우측 앞 삼전서기

제3장 이십사보 137

바로 !

좌족을 축으로 우족을 천천히 당기면서 정면으로 자연체가 된다.

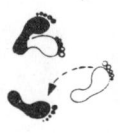

자연체 팔자서기

발 모아서기

이십사보의 포인트

이십사보(二十四步)

　모두 24의 발다루기로 이루어지고 있으므로 이십사보라고 한다. 이 형은 움직임이 매끄럽고 유동적이므로, 능란한 솜씨에만 의지하게 되면 단순한 춤이 되고 말기 때문에, 힘의 강약과 기술의 완급 요체를 충분히 표현할 필요가 있다. 이 형에서는 손등막기가 행하여지는데, 보통 잘 쓰이는 걸쳐서막기, 수도막기, 붙잡아막기 등과 그 코스의 구별 또는 사용 부위를 명백히 가려 쓸 수 있어야 한다.

　거동 1-2 : 우족을 뒤로 당기고, 보내기 발인 듯이 우 후굴자세가 되면서, 왼손바닥을 앞쪽으로 약간 높을 듯한 데서부터 천천히 끌어내린다. 우 후굴자세인 채 정면으로 향해 보내기 발로 나오면서 우 중단 역지르기. 왼손바닥밑을 오른팔등을 문지르듯이 하여 쑥 내민다.

거동 6: 우측 무릎을 끼고, 동시에 양쪽 앞팔을 얼굴 앞에서 합쳐 끼워 막기. 등 앞쪽 향하기.

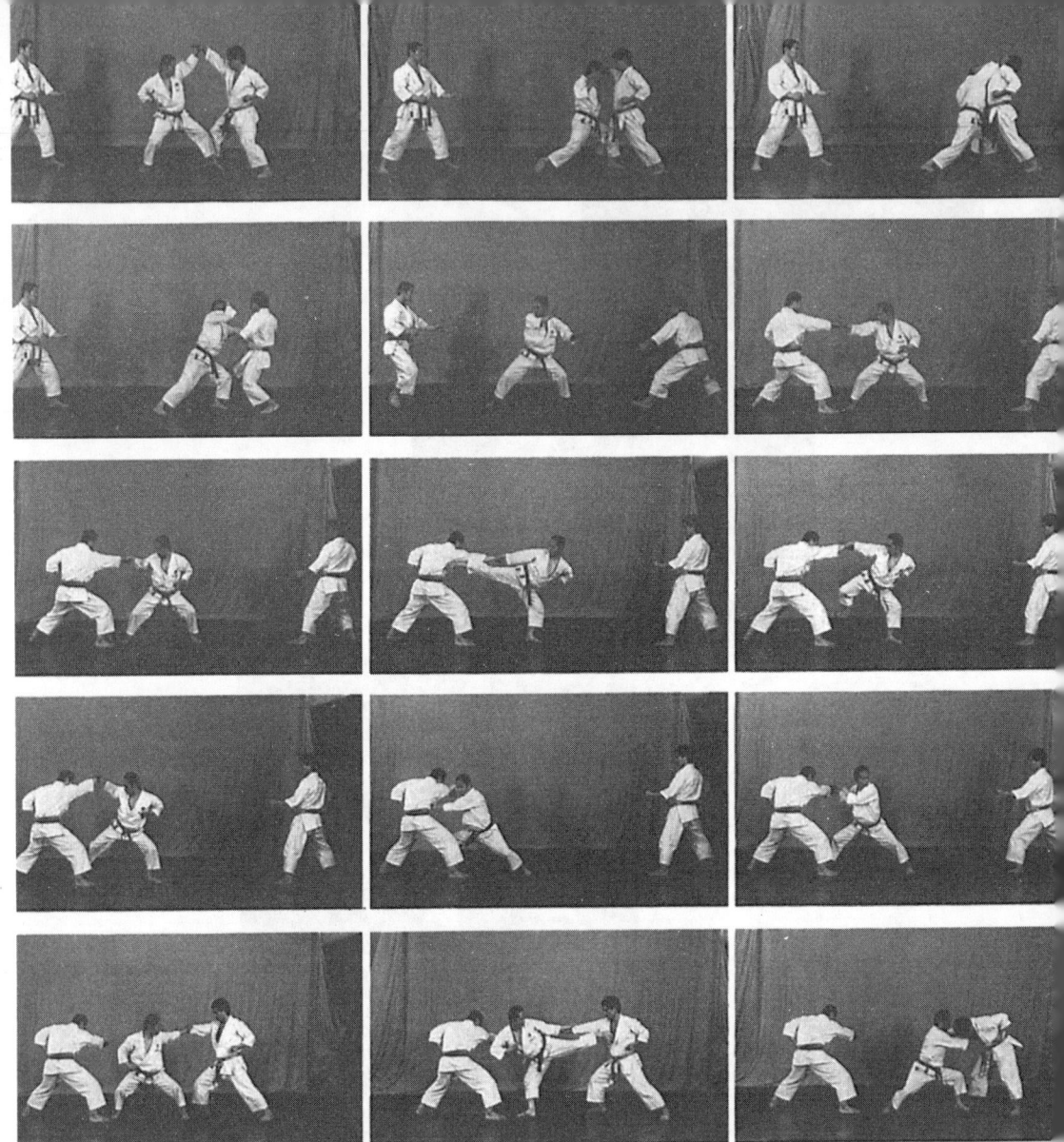

거동 8-15 : 우측 다리 축으로 좌 전굴자세가 되어 좌 상단막기. 허리를 좌전시켜, 좌족을 좌측 옆으로 문질러내면서, 우 상단 세로팔꿈치 올려쳐서 대기. 허리를 우전시켜 기마자세가 되고, 우 중단 걸쳐서 수도막기. 상대의 오른손목을 잡아 우측 허리로 세게 끌어당기고, 동시에 우 족도로 옆차기를 한다. 이 때 철기초단의 물결뒤집기와 마찬가지로, 찰 때의 허리 위치를 바꾸지 말아야 한다. 상대의 오른손목을 잡은 채 기마자세가 되고, 좌 중단지르기로 끝내기하는 것과 동시에 우측 상대의 공격을 좌 중단 걸쳐서 수도막기로 막아 옆차기. 이 때의 옆차기는 철기초단의 물결뒤집기의 반대 동작으로, 안쪽으로 차는 것이 아니라 바깥쪽으로 찰 것. 차기를 한 뒤, 우 중단지르기로 공격.

거동 16 : 우측 다리를 축으로 좌족을 반 걸음 끌어당기고, 다음에 좌측 다리를 축으로 비스듬히 좌측 앞으로 우족을 문질러내면서 우 전굴자세가 되고, 오른손목으로 위에서부터 밑으로 반원을 그리면서 오른손목 중단 감아떨어뜨리기를 하면서 왼손바닥 밑으로 상단지르기를 행한다.

거동 17 : 우측 다리 축으로 허리를 좌전. 뒤로 돌아다보면서 좌 전굴자세가 되고, 우 상단 배도치기와 좌 하단 손바닥밑 치기.

거동 18-20 : 좌족을 우족으로 끌어당겨 발 모아서기가 되고, 동시에 오른손바닥으로 왼손등을 밑에서 소리를 내고 세게 대어서 견제. 다음에 좌족을 뒤쪽으로 당겨 우 전굴자세가 되고, 좌측 아구로 하단을 잡아채어 막기. 동시에 우측 아구를 쑥 내민다. 왼손바닥은 밑에서 잡아채듯이 바로 앞에 끌어당기고, 오른손바닥은 위에서 질러내리듯이 한다. 오른손바닥은 왼손바닥과 교차하고, 끝내기했을 때는 왼손바닥은 오른팔꿈치 밑에 접한다.

거동 18-22 : 우측 다리 축으로 허리를 좌전하면서, 우 후굴자세가 되는 것과 동시에 좌 중단 손등막기. 우족을 문질러내면서 기마자세가 되고, 우 상단 팔꿈치 올려쳐서 대기.

거동 33 : 우측 앞 삼전서기가 되면서 오른손목 중단 감아떨어뜨리기.
왼손바닥밑은 좌측 어깻죽지에 겨눈다. 이어서 우 중단 손바닥밑 지르기,
좌 상단 손바닥밑 지르기.

제3장 이십사보 145

무술 · 내공 · 건강 전문도서

서림 무술 시리즈

❶ 종합 태권도전서　　　　　김병운·김정록저 /35,000원
❷ 영한대역 태권도교범(1)　　김정록저 /7,000원
❸ 영한대역 태권도교범(2)　　김정록저 /7,000원
❹ 영한대영 태권도교범(3)　　김정록저 /7,000원
❺ 영한 태권도교본　　　　　김정록저 /20,000원
❻ 태권도심판론　　　　　　　한상진저 /8,000원
❼ 전통 무술택견　　　　　　　송덕기저 /5,000원
❽ 실전 씨름교본　　　　　　　김정록편저 /6,000원
❾ 스포츠용어사전　　　　　　강태정편저 /9,500원
❿ 줄넘기백과　　　　　　　　한국줄넘기협회 /12,000원
⓫ 비전합기도　　　　　　　　김상덕저 /5,000원
⓬ 합기도과학　　　　　　　　강태정역 /7,000원
⓭ 공수도백과　　　　　　　　강태정역 /12,000원
⓮ 실전 공수도교범　　　　　　최영의저 /4,000원
⓯ 정통 유도백과　　　　　　　이성우역 /15,000원
⓰ 종합레슬링전서　　　　　　서림편집부역 /12,000원
⓱ 회전무술교본　　　　　　　명재옥저 /4,000원
⓲ 족술도교본　　　　　　　　명재옥저 /4,000원
⓳ 이소룡의 쌍절곤백과　　　　이소룡저 /8,000원
⓴ 쌍절곤교범　　　　　　　　이봉기·김조웅저 /4,000원
㉑ 절권도(상)　　　　　　　　이소룡저 /8,000원
㉒ 절권도(하)　　　　　　　　이소룡저 /8,000원
㉓ 이소룡과 영춘권법　　　　　이영복역편 /3,000원
㉔ 당랑적요격투기(I)　　　　　이봉철저 /4,000원
㉕ 당랑권법(혹흑출동권)　　　박종관저 /3,000원
㉖ 격투발차기　　　　　　　　조희근저 /4,000원
㉗ 양가태극권교본　　　　　　박종관저 /6,000원
㉘ 진가태극권　　　　　　　　조은훈감수 /3,000원
㉙ 우슈태극권교본　　　　　　박종관편저 /5,000원
㉚ 우슈남권교본　　　　　　　박종관편저 /5,000원
㉛ 우슈장권교본　　　　　　　박종관편저 /5,000원
㉜ 최신 검도기법　　　　　　　편집부역 /4,500원
㉝ 검술교본　　　　　　　　　김상덕역 /4,000원
㉞ 도술교본　　　　　　　　　김상덕역 /4,000원
㉟ 곤술교본　　　　　　　　　김상덕역 /4,000원
㊱ 창술교본　　　　　　　　　김상덕역 /3,000원
㊲ 당랑권법 쌍풍권　　　　　　소신당저 /4,500원
㊳ 당랑권법 매화권　　　　　　소신당저 /5,000원
㊴ 당랑권법 금강권　　　　　　소신당저 /4,500원

㊵ 내공팔극권(북파소림권)　　무림편집부역 /5,000원
㊶ 쿵후교범(상)　　　　　　　조은훈저 /7,000원
㊷ 쿵후교범(하)　　　　　　　조은훈저 /7,000원
㊸ 사학비권　　　　　　　　　조은훈저 /6,000원
㊹ 이소룡의 생애와 무술과 사랑　정화편저 /6,000원

서림 내공 · 건강 시리즈

❶ 내공 · 양생술전서　　　　　석원태저 /8,000원
❷ 기공법과 차력술　　　　　　박종관저 /8,000원
❸ 선도내공술　　　　　　　　경기공주광단 /4,500원
❹ 소림내공술(I)　　　　　　경기공주광단 /5,000원
❺ 중국의료기공　　　　　　　박종관저 /6,000원
❻ 금선증론　　　　　　　　　유화양 /8,000원
❼ 혜명경　　　　　　　　　　유화양 /8,000원
❽ 천선정리　　　　　　　　　오수양저 /8,000원
❾ 선불합종　　　　　　　　　오수양저 /7,000원
❿ 포박자(내편 1)　　　　　　갈홍저 /8,000원
⓫ 포박자(내편 2)　　　　　　갈홍저 /8,000원
⓬ 포박자(외편 1)　　　　　　갈홍저 /8,000원
⓭ 포박자(외편 2)　　　　　　갈홍저 /8,000원
⓮ 포박자(외편 3)　　　　　　갈홍저 /8,000원
⓯ 현묘지도　　　　　　　　　문경섭저 /8,000원
⓰ 발경의 과학　　　　　　　　강태정역 /8,000원
⓱ 선단식(仙斷食)조기법　　　박종관저 /6,000원
⓲ 실용 단식건강법　　　　　　박종관저 /4,000원
⓳ 36시간 단식법　　　　　　　편집부편 /3,000원
⓴ 7일완성 단식법　　　　　　김주호역 /2,500원
㉑ 체질탐구　　　　　　　　　최병일저 /5,000원
㉒ 태국 안마요법　　　　　　　박종관저 /4,000원
㉓ 실용 지압치료법　　　　　　박종관저 /4,500원
㉔ 지압건강법　　　　　　　　서림편집부 /4,000원
㉕ 지압과 뜸　　　　　　　　　서림편집부 /4,000원
㉖ 발지압 맛사지 치료법　　　강태정역 /3,000원
㉗ 자기지압 · 맛사지 · 경혈체조　김주호저 /2,500원
㉘ 자가진단법　　　　　　　　김영호저 /6,000원
㉙ 백만인의 요가　　　　　　　김주호역 /4,000원
㉚ 기공치료와 호흡건강법　　　김주호역 /3,000원
㉛ 단전호흡 건강법　　　　　　김주호역 /4,000원
㉜ 약이 되는 자연식　　　　　　이태우저 /4,000원
㉝ 새시대의 건강전략　　　　　이상택저 /6,000원
㉞ 성인병 정복의 길　　　　　　이상택저 /4,500원

서림문화사

서울시 종로6가 213-1 (영안빌딩 405호) 전화 (02) 763-1445, 742-7070 팩스 (02) 745-4802

바둑전문도서

서림바둑 시리즈

❶ 당신도 바둑을 둘 수 있다　유병호 감수 /4,000원
❷ 알기 쉬운 초급바둑　　　　유병호 감수 /4,000원
❸ 이것이 포석이다　　　　　　유병호 감수 /4,000원
❹ 1급으로 가는 포석전략　　　유병호 감수 /4,000원
❺ 실력향상 테스트　　　　　　가토마사오 저 /4,000원
❻ 이것이 정석이다　　　　　　유병호 감수 /4,000원
❼ 바둑정석의 모든 것　　　　　유병호 감수 /4,000원
❽ 중반의 전략과 전투　　　　　유병호 감수 /4,000원
❾ 속임수 격파작전　　　　　　유병호 감수 /4,000원
❿ 접바둑 비결　　　　　　　　유병호 감수 /4,000원
⓫ 최신 바둑 첫걸음　　　　　　편집부 역 /4,000원
⓬ 포석의 한수　　　　　　　　편집부 역 /4,000원
⓭ 중반전의 필승전략(상)　　　 편집부 역 /4,000원
⓮ 중반전의 필승전략(하)　　　 편집부 역 /4,000원
⓯ 상급바둑의 길잡이　　　　　편집부 역 /4,000원
⓰ 암수를 피하는 길　　　　　　가토마사오 저 /4,000원
⓱ 사활의 기초입문　　　　　　임해봉 저 /4,000원
⓲ 끝내기 기법　　　　　　　　구토노리오 저 /4,000원
⓳ 1급으로 가는 정석　　　　　이시다 요시오 저 /4,000원
⓴ 1급으로 가는 포석　　　　　다케미야 마사키 저 /4,000원
㉑ 1급으로 가는 맥점　　　　　가토 마사오 저 /4,000원
㉒ 1급으로 가는 실력 테스트　 편집부 편 /4,000원
㉓ 3급으로 가는 정석　　　　　다케미야 마사키 저 /4,000원
㉔ 3급으로 가는 포석　　　　　가토 마사오 저 /4,000원
㉕ 3급으로 가는 맥점　　　　　이시다 요시오 저 /4,000원
㉖ 3급으로 가는 실력 테스트　 편집부 편 /4,000원
㉗ 5급으로 가는 정석　　　　　이시다 요시오 저 /4,000원
㉘ 5급으로 가는 포석　　　　　다케미야 마사키 저 /4,000원
㉙ 5급으로 가는 맥점　　　　　가토 마사오 저 /4,000원
㉚ 5급으로 가는 실력 테스트　 편집부 편 /4,000원
㉛ 9급으로 가는 정석　　　　　이시다 요시오 저 /4,000원
㉜ 9급으로 가는 포석　　　　　가토 마사오 저 /4,000원
㉝ 9급으로 가는 맥점　　　　　다케미야 마사키 저 /4,000원
㉞ 9급으로 가는 실력 테스트　 편집부 편 /4,000원
㉟ 7급으로 가는 정석　　　　　다케미야 마사키 저 /4,000원
㊱ 7급으로 가는 포석　　　　　이시다 요시오 저 /4,000원
㊲ 7급으로 가는 맥점　　　　　가토 마사오 저 /4,000원
㊳ 7급으로 가는 실력 테스트　 편집부 편 /4,000원
㊴ 승단으로 가는 정석　　　　　임해봉 저 /4,000원
㊵ 승단으로 가는 포석　　　　　오다케 시데오 저 /4,000원
㊶ 승단으로 가는 맥점　　　　　이시다 요시오 저 /4,000원
㊷ 승단으로 가는 실력 테스트　 편집부 편 /4,000원

서림바둑 소사전 시리즈

❶ 화점정석 소사전　　　　일본기원 저 /4,000원
❷ 포석 소사전　　　　　　일본기원 저 /4,000원
❸ 정석이후 소사전　　　　일본기원 저 /4,000원
❹ 함정수대책 소사전　　　일본기원 저 /4,000원
❺ 소목·고목·외목 소사전　일본기원 저 /4,000원
❻ 맥점 소사전　　　　　　일본기원 저 /4,000원
❼ 사활 소사전　　　　　　일본기원 저 /4,000원
❽ 접바둑 소사전　　　　　일본기원 저 /4,000원
❾ 끝내기 소사전　　　　　일본기원 저 /4,000원

서림 어린이 바둑 시리즈

❶ 바둑 첫걸음　　　　일본기원 저 /3,500원
❷ 집짓기와 정석　　　일본기원 저 /3,500원
❸ 사활과 싸움　　　　일본기원 저 /3,500원

서림 바둑사전 시리즈

❶ 현대 정석 총해　　임해봉 저 /9,500원
❷ 현대 포석 총해　　이시다 요시오 저 /9,500원
❸ 현대 맥점 총해　　가토 마사오 저 /9,500원
❹ 접바둑 총해 I　　 이시다 요시오 저 /11,000원
❺ 접바둑 총해 II　　이시다 요시오 저 /11,000원
❻ 관자보　　　　　　박재삼 편역 /9,500원
❼ 현현기경　　　　　박재삼 편역 /9,500원
❽ 기경중묘　　　　　박재삼 편역 /9,500원

오늘의 바둑신서

❶ 조훈현 추억의 승부　　조훈현 편저 /5,000원
❷ 조훈현 집념의 승전보　조훈현 편저 /5,000원
❸ 조훈현 대 서봉수　　　박재삼 편 /4,500원
❹ 한국 정상의 대결 1　　박재삼 편 /4,500원
❺ 한국 정상의 대결 2　　박재삼 편 /4,500원
❻ 한국 정상의 대결 3　　박재삼 편 /4,500원

서림문화사
서울시 종로6가 213-1 (영안빌딩 405호) 전화(02)763-1445, 742-7070 팩스(02)745-4802

감수자／명재옥

1938. 12. 31.　전남 강진에서 출생
1965. 4.　　　공수도 5단
1965. 9. 15.　합기도 제1연무관 개설
1968. 11. 9.　합기도 심사위원장
1974. 5.　　　합기도 관장회의장
1981. 3. 9.　합기도 이사 겸 부회장
1984. 1.　　　합기도 10단 승단
1986. 1. 1.　족술도 창시(道主)
1986. 1. 1.　회전무술(도) 창시(道主)
1986. 5. 5.　회전무술 족술도 무재(武宰) 취임
1986. 6. 9.　족술도 교본 저작
1987. 3. 15.　세계 회전무술회 총본부장 취임
1987. 4.　　　회전무술 교본 저작
1988. 5. 5.　회전 검술도 창시
1988. 5. 5.　회전 검술도 교본 저작
1988. 5. 5.　회전 봉술도 창시
1988. 5. 5.　회전 봉술도 교본 저작
1994. 5. 5.　경호무도 창시
1995. 5. 5.　세계 경호무도연맹 총재 취임

※ 연락처 : (02) 617－6800 / 619－5333

베스트 空手道全書 10   값 9,000원

1판2쇄 2019년 1월 30일 인쇄
1판2쇄 2019년 2월 05일 발행

저　　자/ 中山正敏(나카야마 마사도시)
독　　자/ 姜秦鼎
감 수 자/ 明在玉

발 행 처/ 서림문화사
발 행 자/ 신 종 호
주　　소/ 경기도 파주시 광탄면 장지산로 278번길 68
홈페이지/ http://www.kung-fu.co.kr
전　　화/ (02)763-1445, 742-7070
팩시밀리/ (02)745-4802

등　　록/ 제 406-3000000251001975000017 호(1975.12.1)
특허청 상호등록/ 022307호

이 책은 日本 講談社와 韓國語版 발행을 독점계약하였습니다.
ⓒ1995. 講談社(Kodansha International Ltd.), Printed in Korea
ISBN 978-89-7186-415-9 93690